AF194333

Daniel Stosiek

A libertação da natureza

Economia política e espiritual

da relação entre ser humano e natureza

Aprendendo com os povos indígenas

© 2022, Daniel Stosiek
Herstellung und Verlag: BoD – Books on Demand,
Norderstedt.
ISBN: 9783756855858

Dedicatória para uma amiga desconhecida

Dedico este livro a uma pessoa "anônima" que conheci no Fórum Social Mundial em março de 2018, em Salvador.

Algumas vezes, um encontro pode resultar numa revelação dialógica.

Vou descrever este encontro – com todas as limitações possíveis das lembranças incompletas.

Encontrei essa pessoa enquanto eu contemplava uma árvore, que me parecia especialmente interessante. Ela ficou admirada pelo meu jeito de olhar e começamos a conversar. Após um tempo, ela me perguntou o que significava *liberdade*, e eu lhe respondi. Depois, lhe fiz a mesma pergunta, e ela me contou uma experiência daquele dia; ela estava almoçando e pensando que liberdade era isso; comer, tomar um café e talvez mais tarde uma cerveja; mas de repente chegarem muitas pessoas, que participavam de uma marcha em homenagem à *Marielle Franco*, militante feminista que lutou em prol dos direitos das mulheres negras e tinha sido brutalmente assassinada no dia anterior. Essas pessoas que agora lutavam por justiça social, tão ameaçada e violentada nos nossos dias, se aproximaram do lugar onde a pessoa "anônima" estava sentada, ela perdeu o apetite e ficou muito irritada.

Logo depois, ela viu um homem de camiseta com uma frase estampada: "Pela liberdade da água" e foi aí, que ela começou a descobrir uma outra dimensão da liberdade. Continuando a nossa conversa, formulamos e descobrimos juntos que a liberdade requer duas dimensões; a liberdade de si mesmo e a liberdade de todos os seres humanos, seres vivos, da natureza, da terra e da água. Temos que entender que o compromisso com uma, não pode se dar sem a luta pela outra. Com isso, não apenas reinventamos o que Marx e Engels afirmaram e que outrora tinha me parecido uma tautologia; que "no lugar da velha sociedade burguesa com as suas classes e antagonismos de classes surge uma associação na qual o livre desenvolvimento de cada um é a condição para o livre desenvolvimento de todos", além disso, revelamos uma nova dimensão grandiosa; a da alteridade (ou Tu-Nós) da natureza. Compreendemos de vez – modificando as palavras de Pablo Neruda – "que existe uma comunicação de desconhecido a desconhecido, entre natureza, terra, água, espíritos e ser humano, que havia uma solicitude, uma petição e uma resposta mesmo nas mais longínquas e afastadas solidões deste mundo".

Prefácio

Como cheguei a este tema?

Cresci na Alemanha Oriental, em um Estado que se dedicava oficialmente ao marxismo. Assim, aprendi alguns termos do pensamento marxista já na escola, ainda que de maneira distorcida, porque servia a legitimar um Estado autoritário governado por elites, mas contudo realizava uma parte dos direitos humanos sociais melhor do que na Europa ocidental.

Após o fracasso histórico do sistema socialista estatal, foi um movimento de indígenas no México, Chiapas, que revitalizou a partir do ano 1994 a práxis e o discurso revolucionários em escala mundial.

Enquanto isso, no último ano da Alemanha Oriental, na época da queda do muro, para deslegitimar a tentativa de buscar outra alternativa ao capitalismo, muitos se perguntavam: "Por que inventar a bicicleta uma segunda vez?"

E foi em Chiapas, México que o movimento Zapatista teve a coragem de reinventar a bicicleta e abordar o tema de uma nova sociedade numa práxis reflexiva.

Desde o ano 2000 convivi várias vezes em comunidades indígenas na região do Chiapas como observador de direitos humanos. Também trabalhei duas vezes em ONGs de direitos humanos, uma vez 2002/03 no Chile, Valdivia (CODEPU) e a outra vez 2004 no México, Cuernavaca (CIDHM), e me concentrei no tema dos direitos humanos coletivos das populações indígenas, no Chile dos Mapuche, e no México, na região dos indígenas da língua náuatle. Durante esses trabalhos voluntários fiz análises sobre conceitos de "desenvolvimento", de qualidade de vida e de direitos, partindo da perspectiva dos indígenas, realizei entrevistas com vários representantes – para comparar estes conceitos com o desenvolvimento que acontece atualmente. Essas atividades incitaram o tema da minha tese de doutorado.

Entrevistei mais de 100 indígenas entre Chile e México sobre os seus conceitos de desenvolvimento, qualidade de vida, e sobre as suas experiências de contato com a sociedade europeia ou "branca". Fiz essas entrevistas no ano de 2007.

A partir de 2012 pesquisei sobre temas relacionados aos povos indígenas no Brasil, realizando várias entrevistas com indivíduos dessas comunidades.

Nessas conversas, entrevistas e amizades, o tema da relação espiritual com a natureza, com a terra, as plantas e os animais, foi citado várias vezes. Algumas pessoas mais reflexivas enfatizaram que o valor de todos os produtos vem também da natureza.

Eu tinha aprendido que segundo Marx, o valor vem do trabalho humano, e que a mais-valia que constitui o capital, provém da exploração do trabalho do ser humano, e que por isso seria necessário revolucionar a sociedade para colocar o ser humano com o seu trabalho na sua dignidade plena e acabar assim, com toda a exploração.

Comecei a pensar que os indígenas poderiam ter razão quando diziam que o valor provém da natureza. Em 2017, num encontro de povos indígenas em Guarulhos, presenciei a seguinte cena: um líder indígena mostrou um objeto feito de uma planta e destacou que aquilo era o produto do "trabalho da natureza".

Lembrei de um outro episódio de alguns anos atrás; durante uma celebração de Natal com vários integrantes da comunidade Umutina-Balatiponé em São Carlos, em 2012, um deles indicou uma construção de madeira e opinou que Karl Marx não tinha razão quando afirmou que um objeto como este era produto de trabalho humano usando recursos naturais, mas que ele como indígena via sempre a árvore viva nesta construção.

Esse momento me serviu como outro incentivo para investigar de que maneira o valor era resultado não só do trabalho humano, mas também da natureza. Estudei mais detalhadamente a teoria de Marx. Um autor que conhece bem a teoria de Marx, Wolfgang Jantzen, me deu muitas referências sobre teorias da física, da auto-organização da matéria, do sentido social e outros.

Me debrucei sobre esses e outros trabalhos científicos, também estudei livros de uma releitura de Marx de autores do Sul global, como Enrique Dussel e Boaventura de Sousa Santos. Assim no ano de 2014 publiquei um livro em alemão sobre o trabalho da natureza unido ao trabalho humano como fonte do valor e da mais-valia no capitalismo (Stosiek 2014).

Esse livro é resultado de uma pesquisa na Universidade Metodista de São Paulo que realizei entre maio de 2016 e o começo de 2018, na área das ciências da religião, com o acompanhamento muito enriquecedor do meu professor anfitrião Claudio de Oliveira Ribeiro, a quem agradeço a possibilidade de ter realizado essa pesquisa.

Mas como indiquei inicialmente, estou trabalhando com o tema desse livro há mais anos, especialmente desde 2013. Considerando o trabalho da natureza, a natureza como sujeito, a contradição entre o trabalho vivo (da natureza e do ser humano) e o capital morto e a coisificação de tudo o que vive no capital, muitos termos das ciências sociais e da teologia se modificam nos seus significados; como o poder, o racismo, a espiritualidade, o fetishe; e parece que ficou também entendido que todas as coordenadas se transformam, de modo comparável, como as coordenadas de um mapa mudam quando não se considera mais a Terra plana, mas como redonda. Porém, com certeza vivemos na época da liberdade de opinião, e a ninguém está proibido de ainda acreditar que a Terra é plana.

Daniel Stosiek, março de 2018, São Bernardo do Campo

Objetivo da pesquisa

O objetivo deste trabalho é pesquisar traços essenciais da relação entre *heterotrofia* e *ressonância*, ou em palavras mais simples, entre as dimensões *econômica* e *espiritual* em práticas sociais, partindo de costumes da troca e da dádiva em povos indígenas, comparando esses elementos também na sociedade atualmente dominante e globalizada – a qual se pode caracterizar como culturalmente híbrida e ao mesmo tempo hegemonizada pelo sistema ocidental. Este tema leva à pergunta; o que é o *valor*, ou seja, a medida da comparação entre os diferentes atos e as coisas, que se utiliza nas práticas tanto da dádiva e da troca como da compra e da venda. O valor que desempenha um papel econômico e ao mesmo tempo social, deve ter um aspecto material e também um aspecto de relações e valorações sociais, e por conseguinte espiritual.

Metodologia e caminho do trabalho presente

Para abordar este tema complexo, utilizo uma metodologia dupla: por um lado, suponho – aprendendo de povos indígenas – que não só o ser humano mas também a natureza tem qualidade do *subjetivo*. Por outro lado, aplico certas *ciências naturais* não só à natureza fora do âmbito estritamente humano, mas também ao ser humano enquanto humano. Utilizo enfoques da física, da biologia e da auto-organização da matéria que reinterpretam as ciências naturais no sentido de superar a dicotomia entre matéria e espírito.

Estou procedendo em três passos. Começo com o tema da *subjetividade da natureza*. Depois esboço a *dialética da alteridade*, ou seja uma dialética a qual se compreende *de baixo para cima*, do particular para o genérico, do subjetivo para o social, em que a dialética do ser humano e da sua história seja interligada com uma dialética da natureza. Enfim se desdobra o tema da economia e do sentido social, partindo do emprego de ciências naturais, sobretudo de teorias da auto-organização da matéria ou da autopoiesis e aplicando estas ciências de modo não-reducionista. Não-reducionismo significa aqui que considero a matéria sem esquecer que se trata da mesma realidade a qual é espírito, e que se contempla estágios de desenvolvimento rudimentares sem perder de vista que esses contêm as sementes ou o potencial do desdobramento mais avançado e complexo. Significa afirmar que a Terra é redonda sem negar que ela é muito mais do que uma bola. Ou como Karl Marx formulou: "A anatomia do homem é a chave da anatomia do macaco. O que nas espécies animais inferiores indica uma forma superior, não pode [...] ser compreendida senão quando se conhece a forma superior." (Marx 2008, p. 264)

1. A natureza considerada como sujeito(s)

Se poderia argumentar que a tentativa de justificar ou fundamentar a ideia de que a natureza tem qualidade do subjetivo já relativiza e questiona a sua dignidade, de modo análogo como Adorno falou uma vez sobre o tema dos direitos humanos.[1] Isto seria válido tanto perante os povos indígenas quanto as palavras de Leonardo Boff que fala do *grito da natureza* (Boff 2003, p. 52) e inclui a ecologia como tema essencial da teologia da libertação.

Mas mesmo assim, estrategicamente vale a pena lutar com meios da ciência. Como Pierre Bourdieu escreveu: "Se você deseja triunfar sobre um matemático, é preciso fazê-lo matematicamente pela demonstração ou refutação.

---

[1]
      Trata-se de uma 'tradição oral': Uma vez, conversei em Bremen, antes de 2010, com a minha professora orientadora do doutorado, Michael von Freyhold, a qual tinha estudado com Theodor W. Adorno em Frankfurt, e mencionei a ideia de justificar ou fundamentar (begründen) os direitos humanos, ela contestou com uma lembrança. Contou que numa aula com Adorno, um estudante se levantou e perguntou como se podia justificar os direitos humanos. Ele respondeu que não se podia justificar os direitos humanos de maneira alguma, porque no momento em que se começasse a os justificar, já os estaríamos relativizando ou questionando.

Evidentemente, há sempre a possibilidade de que o *soldado romano* corte a cabeça de um matemático, mas isso é um "erro de categoria", diriam os filósofos." (Bourdieu 2003, p. 32)

1.1. Falar da subjetividade sem ser 'subjetivo'

Como se pode falar cientificamente da subjetividade?
Ou seja, sem ser "subjetivo"? Não significa ser científico o mesmo que ser *objetivo*?
Tanto, segundo a minha experiência cotidiana, quanto no que diz respeito às pesquisas realizadas na Alemanha, nos Países Baixos e Grã-Bretanha (Faber/Manstetten 2006 p. 126, Van den Born, De Groot, Lenders 2006), muitas pessoas, na vida do dia a dia, opinariam que evidentemente as plantas e animais têm alma ou mesmo espírito. Mas este assunto se torna mais complicado quando se trata das ciências tanto naturais quanto humanas e sociais. Nessas ciências, a natureza é geralmente vista como *objeto* enquanto só o ser humano tem a fama de ser *sujeito*.
O geólogo russo Vladimir Ivanovich Vernadsky, em seu livro *A Biosfera* (1926), comparou a geosfera com a biosfera e a noosfera, sendo a última a esfera da vida do ser humano

que se caracteriza pela ciência e o trabalho, sendo que estas três esferas formam parte de *um* só desenvolvimento, em que a biosfera é parte da geosfera, mas a mudou ao mesmo tempo, e a noosfera é parte da biosfera e consequentemente também da geosfera, transformando-as contudo. Na visão do autor, a *noosfera*, isto é a totalidade da humanidade, é um momento espontâneo e objetivo da *geosfera*.

Mas é possível e necessário considerar uma coesão ou uma analogia entre ser humano e natureza não só em termos da *objetividade*, mas também da *subjetividade*.

Na primeira das teses sobre Feuerbach, Karl Marx escreve:

A principal insuficiência de todo o materialismo até os nossos dias - o de Feuerbach incluído - é que as coisas [*der Gegenstand*], a realidade, o mundo sensível são tomados apenas sobre a forma do *objecto* [*des Objekts*] ou da contemplação [*Anschauung*]; mas não como *atividade sensível humana*, *práxis*, não subjetivamente.

O que Marx pensou no tocante à sociedade humana, eu vou considerando também em relação ao conjunto da relação entre ser humano e natureza.

16

Primeiro quero esboçar alguns critérios mínimos ou básicos do significado de subjetividade, para depois descrever alguns argumentos a favor, para poder considerar a natureza como sujeito(s).

1.2. Critérios da subjetividade

A subjetividade, sendo ela uma realidade interior, implica:
 a) a *vulnerabilidade* e a capacidade de sentir alegria e dor [aspecto passivo],
b) a *intencionalidade*, isto significa, ainda que seja rudimentar, poder atuar com propósito [aspecto ativo]. Vistos os aspectos ativo e passivo juntos, a subjetividade resulta ser *passional*.
c) A subjetividade implica ainda um sentido de *temporalidade*, isto é poder aprender, obter memória e ter a habilidade de *espelhação-em-adiante* (em alemã: vorauseilende Widerspiegelung [Jantzen 2007]) da realidade, em outras palavras formar uma expectativa sobre o futuro provável. Significa desenvolver uma ideia interna sobre o mundo, uma imaginação antecipada sobre o futuro. Por exemplo, a habilidade de espelhação-em-adiante da

realidade, que sempre vai junto com a memória – e seja ela rudimentária –, já acontece, quando uma bactéria segue um gradiente de quantidade crescente de uma substância nutritiva (açucar, o qual para ela significa alimento [Jantzen 2015, p. 23[2]]). Isto implica, por conseguinte, uma noção de temporalidade irreversível, em que se distingue entre passado e futuro.

Além disso, para falar de subjetividade razoavelmente e sem se tornar "subjetivo" no mal sentido da palavra, se precisa

d) da alteridade, da relação com a subjetividade do outro/da outra,

e) e do plural, então das subjetividades em diversidade.

1.3. Argumentos a favor da subjetividade da natureza em termos de alteridade

Segundo Lev Vigotsky, é necessário investigar cientificamente a subjetividade além da introspecção, por conseguinte a subjetividade de outros sujeitos, como por exemplo na psicologia de crianças, feita por adultos, que nunca poderão experimentar o que uma criança vivenciou,

---

2 Aqui Jantzen argumenta com trabalhos de Francisco J. Varela.

ou como os historiadores e geólogos pesquisam épocas do passado, as quais já não podem ser experimentadas por ninguém, mas que sim podem ser investigadas razoavelmente por meio de pegadas e influências (Vygotskij 2003, p. 136). Heinz von Förster mostra como *eu* poderia imaginar que fosse o único sujeito no universo e tudo o que me *aparece* fosse a minha imaginação; mas que as outras *aparências* que são similares à minha aparência, tornam razoável supor que se trate de outros sujeitos cujo interior seja parecido, mas não idêntico com o meu interior. (Foerster 2003, p. 4). Isto, o ato de supor uma interioridade do outro que seja semelhante mas não idêntico com o meu interior, significa *alteridade*. O que Heinz von Förster deixa pensar no que diz respeito a outros seres humanos, se pode aplicar também a outros seres vivos. Todos os seres vivos têm certa similitude nas suas aparências comparadas com a minha aparência, ainda que em dimensões diversas, e isto aponta para pensar na alteridade dos outros seres da natureza.

A afirmação de Descartes, *cogito ergo sum* (penso, logo existo), constitui segundo Habermas uma *análisis de pre-suposição* (Habermas 1991, 1992), em que o fato de eu pensar – o que sei por que é evidente para mim, ou seja sou testemunha disso, – presupõe que existo como sujeito. Ou seja, a *aparência (aparição)* do fato que eu experimento algo, mostra a *essência* da minha existência.

Mas se pode realizar uma *análisis de pre-suposição* análoga sobre a *alteridade*. Logo que me *(a)parece* que *outro sujeito*, seja outro ser humano ou outro ser vivo, pense ou viva ou perceba algo, ou que algo lhe (a)pareça a ele/ela, também posso presumir que o outro pense ou perceba, então que ele ou ela (ou o ser vivo) exista como sujeito. Neste sentido, Vygotsky cita Friedrich Engels[3] o qual mencionou que as formigas têm a capacidade de "ver" raios químicos onde Engels acrescentou que quem quer que lamente que *nunca poderá saber como a formiga vivencia isto*, tal pessoa está perdida. Mas este ponto que soa como uma piada, indica o ponto mais interessante: se a formiga tem a capacidade de "ver" algo que eu não consigo ver, tem que existir uma *subjetividade outra*.

Segundo Hans Heinz-Holz, Marx e Engels estenderam o conceito individualista de Descartes para a

---

3 Friedrich Engels escreveu na "Dialética da Natureza" (o seguinte traduzido por mim, utilizando o texto alemão e a tradução espanhola): "As formigas têm olhos distintos dos nossos, que lhes permitem ver os raios químicos (?) da luz [...] Claro está que jamais chegaremos a saber como aparecem os raios químicos para as formigas. E a quem isto incomode, não existe remedio para lhe oferecer."

área social: Na práxis e na comunicação social, a primeira evidência de consciência já acontece na área social. (Holz 1983, 22ss) Este argumento pressupõe que a relação entre os seres humanos é de carater não só de sujeito-objeto, mas também da qualidade de relação entre sujeito e sujeito, por que numa relação eu-tu, "eu" vejo "tu", sou *testemunha* de "tu". E num conjunto de seres humanos que oscila entre *comunidade* e *sociedade*, em outras palavras onde as relações oscilam entre o caráter de sujeito-sujeito e o de sujeito-objeto, ou em ainda outras palavras entre espiritualidade (sentido social, ressonância) e economia no sentido de 'heterotrofia', a consciência – e junto com esta, a base de conhecimento – se desenvolve em primeiro lugar de maneira social. Suponho que a base da consciência é ainda mais ampla, que também a relação entre ser humano e natureza é tanto de caráter sujeito-objeto quanto de caráter sujeito-sujeito, que a gênese do ser humano se caracteriza pela práxis e a comunicação social também entre ser humano e natureza. Se isto estiver correto, a base da consciência e da subjetividade humana se encontrará no meio *dessa* relação social.

No mundo dos Aymara, segundo Juan José Bautista (1994, veja p. 91), o ponto de partida da práxis e do saber e conhecer é a comunidade e o diálogo, onde não existe um "eu" sem tu, e onde também a natureza, a pachamama, é um "tu", sendo sujeito que pertence à comunidade. Segundo tal interpretação da noosfera pelos Aymara, esta práxis já traz *uma análisis de pre-suposição* que mostra a subjetividade do outro, do tu, e da natureza, portanto do outro/da outra que constitui o eu. "El primer dato que tiene cualquier miembro de la comunidad es la presencia y existencia de la comunidad, de la cual, cualquier 'tu' es parte" (ibidem).

Com Mikhail Bakhtin (2010, p. 409)[4] e Lev Vygotsky (Wygotski 1971), podemos pensar que a subjetividade do indivíduo humano se desenvolve desde a realidade social e desde a dialogicidade da humanidade. O que acontece *entre* seres humanos, o inter-psíquico, se interioriza e se torna o intra-psíquico. Mais além, segundo o poeta Mapuche, Elicura Chihuailaf[5], a língua vem da natureza, vem da emoção de escutar a natureza. E segundo várias expressões de indígenas, a cultura humana vem da floresta ou de

---

[4] Aqui Bakhtin tematiza o conceito do *grande tempo*.

[5] Maio 2013, "Caxiri Na Cuia", encontro de escritores indígenas na Universidade Federal de São Carlos (UFSCar). Apuntei palavras faladas pelo poeta.

espíritos de animais ou plantas. (Niemeyer 2010, p. 150; Moreira 2001, p. 116-118; conversas do autor com estudantes Umutina na UFSCar 2012). Isso sugere pensar que a subjetividade humana se desenvolve não só dentro da práxis e comunicação social humana, mas também dentro da rede social da toda a natureza. Existe uma relação dialética entre a rede social tanto humana quanto da natureza com cada sujeito singular e sua consciência. O fragmento ou o particular representa sempre o conjunto de todos. Porque a interação no nível mundial das relações sociais, inclusive as que acontecem por meio da economia é real; e como Enrique Dussel destacou (baseando-se em Marx) quanto à relação entre Norte e Sul global, na interação econômica mesma se trata de *relações sociais* (Dussel 1988). Se tem que estender este pensamento à interação do ser humano com a natureza. Na interação econômica acontece ao mesmo tempo uma interação social que tem uma dimensão espiritual. O capitalismo nega a dimensão social e espiritual. Coisifica as relações. Ao mesmo tempo se "fetichiza" as coisas. Supondo que existe uma relação dialética entre a subjetividade singular e as relações sociais tanto humanas quanto com a natureza, segue que a exclusão social da natureza e a exclusão social duma grande parte dos sujeitos humanos do Sul global que trabalham ou são excluídos do trabalho, criam o *inconsciente*.

1.4. Mais argumentos em favor da subjetividade da natureza

A) A ciência natural se torna encantadora

A sociedade contemporânea estimula tanto "fetichizar" as ciências e os seus resultados, esta tal fetichização considera estes resultados como *coisas* às quais se costuma segurar afetivamente ou libidinosamente como se se tratasse dos mesmos processos de *vida. A partir daí* se torna muito *difícil* perceber que em algumas áreas das ciências aconteceu uma transformação que equivale a uma revolução copernicana. Se trata de desenvolvimentos na física, segundo Ilya Prigogine (1996), Lee Smolin (2013), de autores da biologia como Maturana e Varela (2001) que trataram o tema da auto-organização da matéria, ou também da ciência humana sintética desenvolvida por

Wolfgang Jantzen6. Embora, outros autores, anteriormente, já tinham pensado neste sentido, como por exemplo Hegel (1952, p. 195)7 e também Friedrich Engels (Dialética da Natureza), e antes deles, Spinoza (a "Ética"), no passado, acontecia que geralmente cada novo conhecimento parecia constituir um desencantamento do mundo. Os novos autores mencionados, pelo contrário, possibilitam considerar a subjetividade na natureza. Por exemplo, o físico Ilya Prigogine (1995, 1996, 2003) diz, que no equilíbrio termodinâmico a matéria é cega, mas dentro de um ambiente de desequilíbrio termodinâmico, onde acontecem diferenças de temperatura e fluxos de energia, ela obtém, como se fosse, a capacidade de "ver", e que então o desenvolvimento de um sistema, como o de moléculas, adquire um caráter histórico (Prigogine 1995, p. 23s e 25). Porque então, milhões de moléculas começam a se mover em turbilhões complexos, isto é, em configurações altamente ordenadas espontaneamente. Isto não significa de maneira alguma reduzir o ser humano à natureza (ou melhor dizendo, aquilo que se costuma reduzir quando nos

---

6 Wolfgang Jantzen: Am Anfang war der Sinn ("No princípio era o sentido"). E muitos outros livros e textos deste autor.
7 Aqui Hegel pensa em relacionamentos que parecem descrever antecipadamente a auto-organização da matéria, onde o resultado é ao mesmo tempo o começo do processo...

referimos à natureza), mas enxergar na natureza algo de categoria humana, algo parecido e relacionado ao ser humano. Segundo Wolfgang Jantzen, as emoções são a base de todos os processos sociais, os quais existem desde o começo da vida (Jantzen 2012, p. XV [prefácio]). E o biólogo molecular António Lima de Faria enxerga tanta *semelhança* entre todas as estruturas da vida orgânica e inclusive entre as estruturas orgânicas e inorgânicas que estão interligadas com as estruturas e processos da vida, que a conclusão parece inevitável: "life has no beginning, it is inherent to the structure of the universe" [a vida não tem começo, ela é inerente à estrutura do universo] (Lima-de-Faria 1986, p. 1047).

Em tal condição começam fenômenos como:
-A *irreversibilidade do tempo*, ou seja a "quebra de simetria": se perde a simetria entre passado e futuro.
-A *instabilidade*: Antes de um momento dado existem bifurcações, situações de dois caminhos possíveis, mas depois de uma decisão realizada, o tempo é irreversível.
-No mundo físico começam a história, a memória, a *ocorrência* singular de um evento.

-Por meio de interações entre átomos e moléculas acontecem fenômenos de desenvolvimento, de complexidade crescente, em que um evento pequeno pode ter um efeito enorme sobre o desenvolvimento ou a história subsequente.

Se trata, por conseguinte, de desenvolvimentos nas ciências naturais, onde estas já não têm o efeito "desencantador" como costumavam ter durante os séculos passados, mas pelo contrário, a ciência natural se torna *encantadora*.

B) Sobre o cavalo que não corre contra o muro...

Heinz von Foerster (1977; 2003) desenvolveu a *Cibernética de Segunda Ordem*.

A cibernética é uma ciência transdisciplinar sobre a condução e o controle de máquinas, organismos vivos, organizações sociais. A cibernética simples ou seja, de primeira ordem, trata de *um* sujeito e um sistema a ser dirigido ou governado, como no caso do motorista de um automóvel. Um lado é o *observador* (sujeito), e o outro lado é o objeto *observado* (a máquina). Mas na cibernética de Segunda Ordem, o observado é ao mesmo tempo observador, é um *observador observado*. Para dar um exemplo: um cavaleiro controla, dirige, governa o cavalo. Mas o cavalo não é simplesmente um objeto observado, mas é também um observador, então um observador observado. Se conduzo um automóvel contra um muro, seguramente vai se chocar contra ele. Mas se conduzisse um cavalo em direção a um muro, o cavalo pararia, *se recusaria a prosseguir*. Porque não só o cavaleiro é um observador e um sujeito, mas também o cavalo é observador e portanto sujeito.

C) ... o que fui ensinado a *não ver*

Proponho ligar a perspectiva de "dentro", à consideração da natureza como sujeito, com uma perspectiva da mesma realidade de "fora", para se chegar a uma compreensão integral que não separe a matéria do espírito. Considero o *trabalho vivo,* tanto do ser humano, como da natureza, em termos de energia e da termodinâmica (tema que estou trabalhando mais abaixo) e ao mesmo tempo em termos da subjetividade e do sentido social. E com estas duas concepções estou raciocinando que o *valor* (econômico) de toda a economia, um termo ao mesmo tempo físico, sociológico e espiritual, provém do trabalho da interconexão entre ser humano e natureza. O que está em causa é o que um amigo indígena me indicou: *enxergar* numa mercadoria o trabalho vivo da natureza, o que se tornou invisível na cultura ocidental. Considerar a árvore viva atrás de uma construção de madeira, significa *ver* o que fui ensinado a *não ver*.

1.5. Os afetos básicos segundo Espinoza

Junto com a revolução copernicana, no pensamento europeu se quebrou o fundamento ideológico para a dicotomia hierárquica medieval entre o céu e Terra, Deus e mundo humano, entre acima e abaixo. Mas pouco tempo (em termos históricos) depois, o filósofo René Descartes inaugurou novamente um pensamento dicotômico e hierárquico, ainda que sem as noções espaciais da Idade Média, entre espírito e matéria, entre subjetividade e objetividade e entre alma e corpo. Tal maneira de pensar não foi inteiramente novo, mas tem os seus antecedentes antigos no neoplatonismo e no gnosticismo. Descartes cunhou os conceitos da *substância extensa* (matéria) e *substância pensante* (espírito) como duas realidades completamente distintas uma da outra, e se defrontou com um problema grave, como se poderia conceber uma ligação entre as duas.

Baruch Espinoza, no entanto, arquitetou um sistema de pensamento filosófico em resposta e crítica à Descartes. Ele esboçou uma compreensão do mundo onde matéria e espírito, sujeito e objeto, alma e corpo, o fáctico e a ética, e finalmente Deus e a natureza constituem uma unidade, um mundo só. Existe *uma substância* que contém entre outras infinitas qualidades, a qualidade de *coisa extensa* (matéria) e a de *coisa pensante* (espiritual). Considerando no entanto não somente a obra grande, a *ética*8, mas também a sua teoria da democracia no seu *Tratado Teológico-político*, se deveria compreender a sua visão do mundo não em termos do panteísmo, mas na lógica da constituição: como os sujeitos particulares humanos constituem juntos o conjunto da democracia, os sujeitos naturais (as "coisas") constituem juntos o conjunto da natureza ou Deus.

Dentro deste pensamento, Baruch Espinoza explica os *afetos básicos*, que valem para a natureza inteira inclusive para o ser humano, e os quais são também – no que diz respeito a este último – o ponto de partida da ética. O fundamento é o *conatus*, o que é a aspiração de cada

---

8 Na tradução espanhola: ética demostrada según el orden geométrico.

"coisa" ("res" em latim)9 de permanecer no ser, na existência (Spinoza 2007, p. 240, Teorema 8). O conatus é a aspiração com a qual cada coisa/sujeito aspira a permanecer no seu ser (*conatus, quo unaquaeque res in suo esse perseverare conatur*). Quando o conatus se refere ao corpo e à mente ao mesmo tempo, se denomina de *appetitus* (inclinação/impulso). No que se refere à *consciência* do appetitus, se trata da *cupiditas* (desejo/cobiço). A cupiditas (cobiço) é o appetitus (impulso) sob o aspecto que se está consciente dele. Os três afetos básicos segundo Spinoza são por conseguinte a já dita *cupiditas* e em consequência a *laetitia* (alegria) e a *tristitia* (tristeza). A laetitia acompanha o sucesso de permanecer no ser, no aumento do poder de atuar (potentia agendi) e de pensar (mentis nostri cogitandi potentia); e a tristitia acompanha o insucesso ou o sucesso diminuído do permanecer no ser e a diminuição do poder de atuar e de pensar (Ibidem, p. 243, teorema 11; p. 245).

Esta teoria dos afetos básicos de Espinoza é apta para colocar a dialética do mundo do ser humano numa dialética

---

9 Se trata tanto de 'objeto' quanto de 'sujeito', porque Spinoza, não aceitando a separação da realidade em *coisa pensante* e *coisa extensa* segundo as Meditações de Descartes (1996), explica *res cogitans* e *res extensa* como dois atributos da mesma realidade.

da natureza e para ligar a subjetividade humana com a subjetividade da natureza.

1.6. Afinidade entre ser humano e natureza

Se torna indispensável considerar o ser humano não separado da natureza, mas de maneira semelhante e como parte dela. Só mostrando que o trabalho humano e o trabalho da natureza são semelhantes ou homólogos em certos aspectos essenciais, tanto no aspecto físico, quanto no aspecto do sentido social ou da espiritualidade, e/ou que existem inter-relações tanto entre os dois (sem negar as diferenças) quanto entre os aspectos físico e espiritual, se poderá provar que o trabalho humano apenas em interação com o trabalho da natureza, produz tanto o mundo humano inteiro junto com os seus valores de vida, quanto o valor econômico.

Mas como se compreende uma afinidade entre ser humano e natureza? No passado, no pensamento ocidental se imaginou o ser humano como sujeito e a natureza como objeto. Até agora subsiste tal pensamento em muitas áreas das ciências e da técnica. Ao mesmo tempo, se idealiza uma natureza sem seres humanos, como aconteceu no Parque Yellowstone na América do Norte, onde as pessoas que tinham vivido nestas terras há milhares de anos foram expulsas. Durante 11 mil anos tinha sido um mundo humano. Para comparar: na Amazônia, antes da chegada dos europeus, os habitantes – cujos descendentes hoje em dia costumam considerar os seres da natureza como sujeitos que devemos respeitar – não só viviam com a natureza mas a modificaram consideravelmente, ainda que sem destruir as suas regulações ecológicas (Castro 2008, pp. 85s).

Contudo, as teorias da evolução, especialmente desde Ch. Darwin, começaram a considerar o ser humano como sendo parte da natureza. Desde aquela época, se tende a imaginar o desenvolvimento do ser humano junto com o da totalidade da natureza como uma evolução objetiva, espontânea, necessária, seguindo leis invariáveis da natureza. Parece que o ser humano como ator, como sujeito, como ser responsável desaparece. O ser humano se adapta cada vez mais à natureza construída socialmente por ele mesmo como *sem-sujeito*.

Mas o contrário é possível e necessário: pensar uma afinidade e semelhança entre natureza e ser humano desde a subjetividade. Os seres da natureza são seres com subjetividade como também o ser humano. O ser humano é responsável pelo seu desenvolvimento específico humano, por construir as suas capacidades, sua sociedade, comunidade, história; e ao mesmo tempo a sua subjetividade se baseia na subjetividade da natureza, com a qual convive sempre em interação. O aspecto de natureza no sujeito humano não é a parte mais objetiva, mas é a parte mais viva no ser humano, e ao mesmo tempo, o ser humano permanece responsável pelo especificamente humano da sua existência pessoal, social e histórica.

Neste sentido, se pode assumir uma semelhança ou afinidade entre ser humano e natureza, atingível nas duas perspectivas, tanto a objetiva, quanto a subjetiva.

2. Dialética da Alteridade

2.1. Ser humano e natureza

Suponhamos que o mundo humano seja comparável e comensurável ao mundo da natureza; tanto em termos de subjetividade quanto em perspectiva de ciências naturais, e que se trate finalmente de *um* contexto, resulta que a dialética do ser humano e da sua história deve estar intrinsecamente ligada à dialética da natureza.

Segundo Karl Marx, a essência humana é o conjunto das relações sociais.[10] Mas considerando que um sistema vivo (seja um sistema da auto-organização da matéria, um indivíduo ou um sistema social) não pode ser compreendido ou explicado se não fosse pela relação entre sistema e exterioridade (exterioridade energética ou meio ambiente), consequentemente devemos supor que a essência humana é o conjunto das relações sociais tanto entre os seres humanos, quanto entre ser humano e natureza. Segundo a maioria dos povos indígenas – como explica Eduardo Viveiros de Castro (2006, pp. 459-472;

10
      Karl Marx: Teses sobre Feuerbach. Na internet (julho 2016): https://www.marxists.org/portugues/marx/1845/tesfeuer.htm

2008, pp. 84-90) –, nas relações entre ser humano e a natureza, se trata de relações sociais. A essência humana abrange – pensando dialeticamente – tudo; desde a unidade fractal (a menor unidade sintética) até o conjunto da humanidade, mas pensando numa dialética de sistemas abertas, até a relação entre o conjunto da humanidade com a sua exterioridade, a natureza. A unidade fractal é a relação entre ser humano e natureza (que acontece tanto em cada ato quanto no conjunto da humanidade), e tal relação por sua vez se caracteriza pela contradição entre heterotrofia e ressonância.

A minha tese é que tanto a humanidade como tal, quanto todo ato singular, só pode ser concebido e explicado no conjunto das relações entre os seres humanos e entre seres humanos e natureza. "Natureza" significa em termos científicos o conjunto da geosfera e da biosfera (Vernadsky 1997), se pode acrescentar a relação entre terra e sol e o desenvolvimento cosmológico. Segundo conceitos indígenas, natureza se compreende como *Mapu* (língua dos Mapuche), *Pachamama* (nos povos andinos), etc. Mapu ou Pachamama é Terra no significado amplo: tudo o que vive na terra, as plantas, os animais, o ser humano. Vernadsky, por sua vez, descreveu a biosfera como etapa qualitativamente nova do desenvolvimento da geosfera, e a noosfera por sua vez como etapa qualitativamente nova do desenvolvimento da geosfera e da biosfera. Segundo a sua visão, a noosfera é o reino dos seres humanos que com ciência e trabalho estão transformando a biosfera, contudo permanece um desenvolvimento da natureza.

Desde a perspectiva da física, cada ato humano é energia cinética que provém de uma certa dose de energia potencial, a qual por sua vez é resultado de uma interação entre seres humanos e entre estes últimos com a natureza.

A relação entre ser humano e natureza como unidade fractal humana contém a contradição entre ressonância e heterotrofia, em que ressonância significa – na perspectiva da física – o acoplamento estrutural entre as oscilações de sistemas da auto-organização da matéria, ou seja de seres vivos, e na perspectiva social ou inter-subjetiva é onde se desdobra o reino do sentido social e da espiritualidade. Heterotrofia significa – no significado amplo da palavra – o fato de viver de trabalho alheio, em que trabalho é um ato de transformação de energia que acontece numa situação do desequilíbrio termodinâmico, onde se gasta energia no estado de alta complexidade ou seja de entropia reduzida, e produz ao mesmo tempo uma estrutura nova de complexidade aumentada, o que é primeiro o próprio corpo, e posteriormente uma estrutura fora do próprio corpo, como acontece sobretudo no trabalho especificamente humano.

No mundo humano, à primeira vista, a ressonância aparece no sentido social e na espiritualidade, e a heterotrofia aparece na economia. Mas os dois acontecem já na relação entre ser humano e natureza. Cada sociedade aplica um jeito diferente para mediar ou relacionar ressonância e heterotrofia. A maneira do capitalismo ocidental no marco da colonialidade do poder (Quijano 2000) consiste em produzir uma consciência de ressonância que nega a heterotrofia, e com isto torna invisível os sujeitos do trabalho alheio, começando com a natureza que é o primeiro sujeito a ser excluído socialmente, e seguindo com os seres humanos mais excluídos e /ou explorados.

Com estas considerações quero destacar uma analogia entre o mundo humano e a natureza, que pretende não reduzir o ser humano à objetividade da natureza, mas pelo contrário, descobrir a subjetividade também da natureza, sem a qual a subjetividade humana não pode ser entendida suficientemente.

Apesar da ressonância e da heterotrofia se encontrarem em contradição, a ressonância e com ela a realidade espiritual, sempre se realiza por meio da heterotrofia, ou seja os atos de transformação de energia, sem a qual não tem vida na terra. Todos os atos e processos de trabalho humano em interação com o trabalho da natureza criam o mundo humano na Terra; nestes atos se realizam e desdobram o sentido social e o sentido espiritual.

Ao mesmo tempo, a dominação que se impõe atualmente no mundo, com a sua máxima potência, é a que utiliza a lógica do *capital e* o que representa a dialética invertida em que utiliza o nível mais alto alcançado pela humanidade. Este nível mais alto, que se poderia denominar de Deus, criado por todos os atos singulares, é virtualmente substituído pelo capital, o ídolo. O ídolo é muito parecido a "Deus" porque utiliza a mesma altura da relação do ser humano com a natureza. Mas o capital faz invisíveis todos os sujeitos e os seus atos e processos singulares, tanto da natureza quanto dos seres humanos que realizam os trabalhos e que produzem a humanidade e todas as suas riquezas. A lógica do capital produz a impressão como se o capital produzisse toda a riqueza; mas como Enrique Dussel (1988) destaca, a exterioridade (do Sul global) produz a riqueza do capital (do Norte global). A lógica do capital faz invisível os sujeitos do trabalho, ou seja, da heterotrofia, e os exclui do sentido social e da espiritualidade. A lógica de Deus, pelo contrário, seria – embora falando em metáforas da hierarquia – uma dialética "partindo de baixo", onde o sentido social ou espiritual, ou seja o *grande tempo* (Bakhtin 2010, p. 409) da humanidade, somente se realiza em e por cada ato humano singular, por todo sujeito concreto, em que se trata sempre de uma interação social entre seres humanos e entre o ser humano com a natureza. Por isso, a economia e os sujeitos de trabalho nunca podem ser excluídos. Segundo o "vivir bien" (Barranquero-Carretero, Sáez-Baeza 2015), isto vale também para todos os seres da natureza que nunca devem ser utilizados, sem ao mesmo tempo ser contemplados e respeitados no sentido social e espiritual.

2.2. Alteridade[11]

Enrique Dussel afirma no seu livro "Hacia un Marx desconocido" (Dussel 1988) que a categoria decisiva do pensamento de Karl Marx era a *exterioridade* e não a *totalidade,* como normalmente se pensaria. No seu famoso livro "Filosofia da libertação" (Dussel 2000), que escreveu nos anos 70, logo depois de ter chegado ao exílio no México, o autor discute os conceitos de *dialética* e de *analética.* Segundo Dussel, a dialética é um movimento ou uma maneira de perceber a realidade encontrando-se dentro do sistema social, da totalidade, considerando as contradições internas; ao passo que analética é uma maneira de considerar a realidade social de fora da totalidade, fora do sistema social, partindo da *exterioridade.* Dussel assume os conceitos de totalidade e exterioridade de Emmanuel Levinas (para quem a totalidade é o "eu coletivo" e fechado do colonizador, inclusive as respectivas categorias de pensar, e a exterioridade é o que está fora da totalidade, ou a exterioridade é a face do Outro que é o rastro do

---

[11]Este subcapítulo está publicado como *Dialética da Alteridade*, em: Grupo de Estudos dos Gêneros do Discurso (GEGe) (organizador): Palavras e contrapalavras. Lendo pedaços singulares do mundo com Bakhtin. Caderno de Estudos VIII Para Iniciantes, São Carlos 2016, pp. 55-67.

infinito), e o conceito do "trabalho vivo" de Karl Marx; e formula a tese de que a exterioridade do trabalho vivo produz a totalidade do capital, ou que o "não-ser" do trabalho vivo produz o "ser" do capital (Dussel 1990, p. 344 ss.)[12]. Mas em outro texto, "Filosofia ética latinoamericana", onde também fala sobre dialética e analética, afirma que "La 'verdadera dialéctica' (hay entonces una falsa) parte del diálogo del otro y no del 'pensador solitario consigo mismo'"[13]. Isto gerará uma confusão insolúvel?

Quem parte do outro, da exterioridade, a dialética ou a analética?

Enrique Dussel está refletindo a partir de uma realidade de conflito estrutural, de dominação, da colonialidade. Por isto usa conceitos de maneira polêmica. Podemos esclarecer esta reflexão por meio do conceito da "totalidade". A palavra totalidade pretende significar algo como a realidade inteira ou a universalidade. Universalidade por sua vez poderia significar tudo o que é, ou também tudo o que é possível. Por isso, totalidade poderia também significar a universalidade do real ou inclusive do possível. Ou algo parecido, porque não é um conceito muito preciso. Mas

---

[12] Na página 347 do mesmo livro formula "el 'No-ser' como fuente creadora del 'Ser'". Na página 363: "el no-ser del trabajo vivo es el ser del capital".

[13] *Enrique Dussel*: Filosofía ética latinoamericana, vol. 3, México 1977.

além disso, desde a perspectiva da dominação ou da colonização, totalidade costuma significar tudo o que existe, da perspectiva da dominação ou mesmo da colonização. O que não cabe nas categorias da dominação (sistema de sociedade e sistema de pensar), *é construído como não-existente*, como diria Boaventura de Sousa Santos (2013, pp. 29-46). Este construir algo como não-existente ou como não-ser (E. Dussel) é uma concepção paradoxal porque se trata de algo que *é e não é* ao mesmo tempo, parecido ao conceito do *inconsciente*. Pode significar duas coisas que são vigentes de modo intermitente, ou que algo existe sim, mas é feito invisível, ou que se impede a realização de algo possível. Por exemplo, no capitalismo se constrói a ideia da não existência da economia não-capitalista; e isto pode significar que por um lado existem alternativas não-capitalistas que são invisíveis, e por outro lado se impede a realização de projetos e práticas não-capitalistas. Pode significar que a economia mundial capitalista, para poder existir, pressupõe uma comunidade de relações sociais de sentido, que ao mesmo tempo é feita invisível. O que é feito invisível é projetado inconscientemente às relações de coisas, das mercadorias e finanças, as quais por sua vez adotam a aparência de relações sociais, emergindo-se assim

43

a 'religião do capitalismo'. Uma 'dialética falsa', como diria E. Dussel, que considera a economia capitalista e as suas categorias, sobretudo o capital, como totalidade ou por conseguinte como universalidade, colocando e ao mesmo tempo "invisibilizando" tudo mais nesta totalidade. Uma 'dialética verdadeira, porém parte da exterioridade, dos sujeitos concretos, do real, do possível que foi feito irrealizável, da vida concreta, das relações sociais, e compreende o universal partindo do concreto, dos sujeitos únicos, da vida e dos atos. Porque todos os atos e processos *criam* o universal por meio de interações.

Nos aproximamos do significado da dialética, desde a pergunta como se dá a relação entre o concreto e o sujeito ou também com a universalidade. Por exemplo, como se dá a relação entre um ser vivo concreto e a biosfera, ou entre um ser humano único e a humanidade inteira, ou entre um ato de trabalho vivo concreto e o trabalho em geral. Vários filósofos já quebraram a cabeça com esta pergunta. Esta pergunta contém pelo menos duas outras perguntas inter-relacionadas: primeiro, como se organiza o pensamento, segundo, como se compreende a realidade, o mundo real adequadamente. Tales de Mileto disse que tudo é *água* no final das contas. Segundo Platão, o que explica a semelhança entre as coisas parecidas (por exemplo uma pessoa justa e uma cidade justa, parecem ter algo em comum, ao que se refere com a palavra "justa"), ou seja, o que explica a coesão entre as coisas que se combinam umas com as outras de qualquer maneira, se dá por meio das *ideias,* as quais por sua vez se encontram fora das coisas. O *nominalismo* por sua vez afirma que a coesão ou a semelhança não existe no mundo real, mas só existe na cabeça do ser humano que inventa *nomes* para as coisas. Uma resposta, quanto aos seres humanos, que aprendam de Mikhail Bakhtin, será a seguinte: Um sujeito na sua unicidade, na sua condição sem álibi, no seu ato responsável, já se encontra na interação e no diálogo com o outro que o constitui; e todas *as sujeitas*, como diria a autora mexicana feminista Marcela Lagarde[14], e todos os sujeitos, com todos os seus atos de trabalho vivo e os seus enunciados, e junto com isto, todas as interações e diálogos, constituem a universalidade, ou seja a dialogia, o grande tempo. Ao mesmo tempo, não existe o universal como ser por si, mas o universal se realiza só no sujeito único e na sujeita única, no ato responsável, no diálogo e na interação

---

[14] Marcela Lagarde (2012) usa a formulação "sujetas". Por exemplo "sujetas de derechos" (p. 92), "*sujetas históricas plenas*" (p. 20), *seres humanas* (pp. 19, 27, 33, 63, etc.).

concreta. Poderíamos voar até a lua e olhar a Terra, e não enxergaríamos a universalidade humana de lá, que se dá só na vida irrepetível e única. A coesão se dá por meio da dialogia. E algo comparável acontece com todos os seres vivos e a biosfera. Todos os seres, começando com a célula mínima, são sujeitos concretos que interagem e dialogam por meio de ressonâncias, e todas as relações juntas constituem a universalidade da vida na Terra, a biosfera. E esta universalidade acontece, se realiza, só em cada sujeito e em cada interação. Inclusive o "trabalho em geral" que K. Marx descobriu, é real só porque todos os atos de trabalho vivo acontecem em múltiplas interações que se enfiam por toda a humanidade, ou, pensando no trabalho da natureza, por toda a vida.

Eu tendo a pensar que o universo inteiro é composto por sujeitos vivos, os seus atos de vida/trabalho, vividos/gastos em interações e diálogos que juntos constituem (constituímos) a universalidade do Cosmo, que por sua vez só acontece e é real nos sujeitos únicos e nos seus atos, os quais são reais apenas nas interações e diálogos. Tal "universalidade" podemos denominar de "Deus", ou de matéria, ou de alteridade.

Segundo Marcela Lagarde, a igualdade humana se realiza só

na diferença (Lagarde 2012, p 121), e segundo Ivone Gebara, não existe um ser (no significado de essência) em si, e a humanidade acontece só no concreto: no gênero, no cotidiano (Gebara 2000). A teologia ecofeminista[15] concebe toda a vida em inter-relação e interdependência; se interpreta o "eu como uma rede de relações a interagir constantemente com outras" (Lan 2015, p. 64), e interpreta Deus não como "Um", mas como a multiplicidade da vida como processo, devir, relação: "Uma teologia da multiplicidade busca companhia e não reduz o Outro ao Mesmo." (ibidem, p. 80)

Karl Marx escreveu nas teses sobre Feuerbach que a essência do ser humano é o conjunto das relações sociais; e nos manuscritos econômico-filosóficos expressou que no *matrimônio* se pode ver que o ser humano, no mais individual, é um ser social.[16] A intermediação entre os

---

[15] Gebara 2000, 2010; Chamorro 2008, p. 188 e outros lugares; Lan 2015.

[16] -Karl Marx: Teses sobre Feuerbach. No internet (julho 2016): https://www.marxists.org/portugues/marx/1845/tesfeuer.htm
-Marx (1962), p. 564, 568: A atividade de vida do ser humano acontece como trabalho. p. 593: No matrimônio se mostra que o *outro ser humano* ([der] *andere* Mensch) se torna necessidade (ou desejo [em alemão, Bedürfnis, pode significar tanto necessidade, quanto desejo]) e que o ser humano no aspecto mais individual da sua existência é ao mesmo tempo ser humano comunitário ([daß der Mensch] in seinem individuellsten Dasein zugleich Gemeinwesen ist). P. 597: A particularidade do ser humano torna-o um ser *individual* comunitário (*individuellen* Gemeinwesen). P. 612: Depois de ter caracterizado o ser humano como ser em atividade e na sua

extremos não se dá no meio da estrada, mas como afirma Adorno, nos e pelos extremos mesmos (Adorno 1974, p. 15). Ou, citando Bakhtin, o ser humano do ato responsável, na condição sem álibi, na sua unicidade, é constituído pelo outro e já comprometido ao diálogo e à interação.

Logo, "dialética" significa, que se pode compreender o ser humano e o sujeito apenas a partir da alteridade e da exterioridade, considerando todas as relações sociais. Entre as relações sociais se encontram também, entretanto, segundo os povos indígenas, as relações entre ser humano e os seres da natureza; as plantas, os animais, o vento, os rios, as montanhas, a terra. A natureza foi excluída socialmente do mundo ocidental, cada vez mais, desde que se começou a *dominar* a natureza para produzir mais riquezas coisificadas. Além disso, entre as relações sociais se encontram também as relações de gênero, entre mulheres e homens que foram muitas vezes invisibilizadas. Se encontram também as *relações econômicas* que segundo Enrique Dussel (como diz com referência a Marx) são relações sociais – invisibilizadas como tais no capitalismo

---

particularidade e individualidade comunitário, tematiza a inversão dos afetos: Quanto menos tu *és* [...], tanto mais tu *tens* (Je weniger du *bist* [...], um so mehr *hast* du); as necessidades e desejos verdadeiros desaparecem e o ser humano devém poupado.

mundial (Dussel 1988, p. 340). E se encontram as *relações da reprodução,* que nunca foram consideradas suficientemente reconhecidas, em comparação com as chamadas relações de produção, como destacam autoras feministas (Rowbotham 1974, pp. 60-62, 68, 70).

Toda a vida humana é uma realização de reprodução. No patriarcado se estabeleceu uma economia de produção idolátrica que constrói a aparência como se não fosse uma economia de reprodução, o que significa que se reproduz constantemente a vida humana em relação com a reprodução da relação entre ser humano e natureza. E se deixou o trabalho da reprodução em sentido mais restrito da palavra às mulheres. Mas a economia de *produção* sempre se baseia na exploração (=utilização e simultânea exclusão social) da *reprodução* – e ao mesmo tempo, a própria produção faz sempre parte da rede da reprodução.

A *reprodução*, em sentido mais amplo, é um fenômeno que caracteriza tanto o mundo humano, quanto a biosfera, e provavelmente o cosmo inteiro. Significa que cada ato de um ser humano, e – de maneira comparável – de um ser da natureza, tem duas qualidades ao mesmo tempo. Por um lado é vida vivida, "trabalho vivo", energia gasta, logo energia cinética. Por outro lado, o mesmo ato, em interação com todos os outros atos de outros sujeitos, recupera, ou seja, reproduz as condições para poder continuar a viver, gastar energia, reproduz assim a energia potencial. Isto vale para o mundo humano, para a economia, para a vida social, a cultura, e vale para a biosfera. De acordo com o físico Lee Smolin (2013), isto vale provavelmente para o cosmo inteiro, porque todos os processos são por um lado acontecimentos que gastam energia de complexidade, de modo que a entropia aumenta, e pelo outro lado sucedem processos de sentido contrário que aumentam a complexidade e a energia potencial no cosmo. Sendo assim, vida é trabalho e trabalho é vida.

As teorias da auto-organização de matéria, ou da autopoiesis (Maturana, Varela 2001), mostram – como veremos abaixo mais detalhadamente – que em condições de "caos", mas longe do equilíbrio termodinâmico, acontecem desenvolvimentos "espontâneos" da matéria, onde a complexidade, a estrutura, ou a ordem estão crescendo, de modo que, não aumenta o caos, mas pelo contrário cresce a ordenação e, se pode dizer, a *beleza*. E isto acontece desde o tamanho mínimo, como numa bolha de ar ou um líquido, até o tamanho máximo das galáxias. É difícil, ou melhor insólito, desusado, inusitado, pensar assim, pois se trata de conectar as ciências humanas e as ciências do espírito (filosofia etc.) com as ciências naturais de tal maneira que se vincula ao mesmo tempo os conhecimentos objetivos com conjuntos inter-subjetivos, e pensar tudo isso em termos de alteridade. Jung Mo Sung tende a interpretar as teorias de complexidade ou de desenvolvimentos *espontâneos* da natureza na aplicação ao ser humano, como contraditórias ao sujeito histórico humano (Sung 2002, pp. 58ss e outras). Hugo Assmann é ambivalente; ele interpreta as teorias de complexidade, em parte como teorias de quase automatismos, logo como teorias que negam tendencialmente o sujeito (Assmann 1995, 89s; idem 2001, pp. 63ss, 99ss), e em parte, como argumentos que revelam aspectos novos do próprio sujeito, onde se liga o ser humano com a natureza, a corporeidade com a subjetividade, o espirito com a matéria, a perspectiva objetiva com a subjetiva, até chegarmos a Maturana e Varela, os quais possuem o entendimento do subjetivo como unidade cognitivo-corporal, como em-corporeidade (embodiment) (Assmann 1995, 2001)[17]. Outro problema é a

---

[17]

Assmann 1995: em parte p. 89; p. 93; 94ss.

distinção entre vida (processos) e idolatria (coisificação), entre dialética de alteridade e dialética de identidade. Enquanto Jung Mo Sung costuma mencionar *auto-organização* (como na natureza) e *auto-regulação* (como do mercado) amontoadas como se fossem da mesma índole[18], Hugo Assmann se esforça a distinguir entre as duas.[19] Friedrich von Hayek, por sua vez, interpreta a história humana como um processo complexo, onde se nega o ser humano como sujeito, como se tal negação fosse uma consequência da complexidade (Hayek 1991). Mas desde a perspectiva de uma dialética da alteridade, os processos espontâneos da autopoiesis devem ser motivo a supor *sujeitos*, tanto na sociedade, quanto na natureza,

---

Assmann 2001: p. 7 "a relação indissolúvel entre processos vitais e processos de conhecimento"; "a própria vida se constitui intrinsecamente mediante processos de aprendizagem"; pp. 7s (os processos da auto-organização do cérebro e dos processos de conhecimento e corpo em cada ser humano diferente); 26s. "tudo aquilo que vive cumpre processos cognitivos"; p. 33 (a morfogênese do conhecimento ligado aos processos da auto-organização do corpo vivo e emoções); 37 (corporeidade e movimento importantes para compreender o sujeito e a sua consciência crítica); 143 "identidade entre processos vitais e processos de conhecimento".

[18] -Sung 2002, pp. 58; 148.
-Sung em: Assman, Sung (2010), p. 129 "autorregulação ou auto-organização dos sistemas complexos".

[19] -Assmann (1995), p. 88, tematizando a *autopoiésis* "não confundir com a ideológica *auto-regulação*, por exemplo, do mercado".
-Assmann (2010), p. 98, tematizando aqui o conceito da auto-organização e criticando que "muitos continuam confundindo o de auto-regulação (por exemplo, do mercado)".

compreendendo a natureza como *alteridade* (como Leonardo Boff assume [Boff 2003, p. 46]). Se deveria renunciar à interpretação da natureza em termos do *positivismo*[20]. Uma teoria da complexidade sem supor sujeitos, sem supor a alteridade da natureza (segundo Ilya Prigogine, a matéria longe do equilíbrio termodinâmico se torna, para dizer assim, "vendo" [Prigogine 1995, p. 23s]), se torna uma teoria idolátrica. O capital, por meio da subsunção do trabalho vivo do ser humano e da natureza, *aparece* como sujeito (humano), e também *aparece* como vida, como natureza, como autopoiesis, o seu desenvolvimento no mercado como *evolução*. Mas a autopoiesis e a evolução são conceitos para tentar compreender processos de vida da natureza. Estes processos de vida da natureza, como os da vida e do trabalho do ser humano, são explorados e negados na economia capitalista. O capital – por meio do mercado – parece ser a totalidade ou a universalidade, surgindo assim uma dialética 'falsa' que submete e nega os sujeitos, tanto o ser humano quanto a natureza. Uma dialética "verdadeira"

---

[20] -Sung critica o positivismo quando se refere à sociedade, mas ao mesmo tempo pensa a natureza em termos do positivismo.
-Sung em: Assman, Sung (2010), p. 129 "autorregulação ou auto-organização dos sistemas complexos".

partirá não só do diálogo do outro, mas também da alteridade da natureza e mostrará que o ser humano e a ser humana como sujeito histórico e sujeita histórica (como diria Marcela Lagarde) não poderiam existir sem a subjetividade da natureza como *outra*, com a qual interage, dialoga e convive em relação de sentido e interdependência permanente.

3. Desde a matéria até as relações sociais humanas
Guerra, exploração, libertação, paz

3.1. Importância da teoria do valor

A teoria de valor é um foco de importância na teoria de Marx, porque mostra que a fonte da riqueza material é o trabalho vivo do ser humano. Revela que no capitalismo, o aumento do valor, a mais-valia, está ligada imediatamente à exploração do humano, da atividade humana. Posteriormente, Marx destacou com mais ênfase do que antes, que não só o trabalho (humano), mas também a natureza, a terra, é fonte da riqueza material, acrescentando que a força do trabalho humana é uma força natural[21], porém não chegou a modificar a própria teoria de valor. Esta última, entretanto, é a minha intenção, saber mostrar que a fonte do valor é o trabalho da natureza, junto com o trabalho do ser humano. Sendo que o trabalho é a própria vida, todo aumento de valor no capitalismo, a mais-valia, provém imediatamente da exploração do contexto da vida, tanto do ser humano quanto da natureza circundante. Neste processo, a dominação do trabalho da natureza pelo ser humano desempenha um papel-chave, intermediada pela propriedade sobre a terra e a exclusão da maioria das pessoas dela – e outras formas jurídicas – e além disso por meio da aplicação dos meios de produção (sendo estes últimos, as ferramentas para a "subsunção (= incorporação) real" (como Marx formularia) do trabalho da natureza sob o capital).

21

     Na Crítica do Programa de Gotha, Marx escreveu: "O trabalho *não* é *a fonte* de toda a riqueza. A *Natureza* é tanto a fonte dos valores de uso (e é bem nestes que, todavia, consiste a riqueza material *[sachlich]!)* como o trabalho, que não é ele próprio senão a exteriorização de uma força da Natureza, a força de trabalho humana." Veja no internet (novembro 2017):
https://www.marxists.org/portugues/marx/1875/gotha/gotha.htm

3.2. Uma aporia na teoria de Karl Marx – a 'mãe abstrata'

Nos *Manuscritos econômico-filosóficos* do ano 1844 (em alemão: Ökonomisch-philosophische Manuskripte), escritos muito antes do "Capital", Karl Marx escreveu que o capitalista extrai o ganho não só do trabalho dos trabalhadores assalariados, mas também da matéria prima avançada (Marx 1962, p. 527). E na *Crítica ao Programa de Gotha* do ano 1875, escrito após o *Capital*, destaca que o *trabalho* do ser humano não constitui a fonte de *toda* riqueza, mas que tanto a *natureza* é fonte dos valores-de-uso – e por conseguinte da riqueza material – como o *trabalho,* o qual por sua vez é somente a expressão duma força natural da força de trabalho humano.[22] No *Capital*, publicado no ano 1867, Marx argumenta que o *valor de uso* é criado por duas fontes, pelos processos da natureza e o trabalho humano, em que o homem "ao produzir, só pode atuar como a própria natureza, isto é, mudando as formas da matéria" e usando as forças naturais (Marx 2012, p. 65). "O trabalho não é, por conseguinte, a única fonte dos valores-de-uso que produz, da riqueza material. Conforme

---

[22] Marx usou o termo "força de trabalho" a partir do *O Capital*, já pensando em conceitos da física.

diz William Petty, o trabalho é o pai, mas a mãe é a terra" (ibidem). Depois, raciocina sobre a questão de *o que* é a essência do *valor*, o qual faz possível trocar qualquer mercadoria com toda outra mercadoria, o valor que se revela no *valor de troca*. É preciso, diz Marx, supor que existe algo em comum de todas as mercadorias sem exceção, uma qualidade que pode funcionar como base de uma medida que permite diferenciar e comparar quantitativamente. É aqui que Marx descobre o trabalho geral, o "trabalho abstrato", ou seja o fato que cada mercadoria é produto do esgotamento de trabalho humano; o valor se revela sendo trabalho coagulado. Mas por quê Marx deixou de raciocinar com a natureza? Se o *valor de uso* é resultado do trabalho concreto junto com os processos ou movimentos da natureza, e o *valor* (genérico, abstrato) só pode existir mediado pelo valor de uso, é necessário supor que nesta circulação não existe valor de uso sem valor abstrato. Não pode existir *valor* sem este também constituir *os processos de natureza coagulados*. Mas como acontecerá?

Além do "pai abstrato", por assim dizer, falta por isso expor a "mãe abstrata".

3.3. Começando com a matéria –
Autopoiesis e meio ambiente, sistema e exterioridade

Auto-organização da matéria[23] significa que uma estrutura espaço-temporal se produz, ou melhor, *re*produz a si mesma. Tal estrutura pode ser um sistema dissipativo, uma célula ou um organismo multicelular, ou ainda, um sistema social ou ecológico. Se estrutura tanto espacial quanto temporalmente por nexos de *autossimilaridade*[24].

Espacialmente se delimita do entorno por meio de uma membrana, uma pele ou de outra maneira. Temporalmente se estrutura por sistemas de oscilações, frequências que se inter-relacionam por ressonâncias.

À primeira vista, não se pode distinguir entre *produto* e *produtor*, entre *processo* e *resultado*, porque o sistema da auto-organização ou da autopoiesis, que é produzido, é o mesmo sistema que se auto-reproduz. Assim, os cientistas chilenos Maturana e Varela escrevem sobre unidades da *autopoiesis*: "o que lhes é peculiar é que sua organização é tal que seu único produto são eles mesmos", assim que

---

[23] Usando Autores como: Maturana, Varela 2001; Jantzen 2012; Prigogine 1995, 1996; Jantsch 1992; Smolin 2013; Lima-de-Faria 1986.

[24] A autossimilaridade é um conceito na matemática e na geometria fractal. Aqui significa que dentro de um sistema e dentro de um desenvolvimento têm estruturas que se repetem de maneira semelhante.

"não há separação entre produtor e produto" (Maturana, Varela 2001, p. 57). Mas, pensando nas condições energéticas, resulta que a energia potencial que se transforma na energia cinética do sistema vivo mesmo, ou seja a "força de trabalho" que se transforma no "trabalho vivo" da estrutura da auto-organização, se encontra não simplesmente no próprio sistema, mas na *relação entre sistema e a sua exterioridade energética*, o seu ambiente com energia livre, energia em alta ordem, ou seja, energia em condição de entropia reduzida. Isto vale para todo sistema de autopoiesis, tanto para um sistema dissipativo, quanto para um ser vivo, o mundo humano e a ecologia. O sistema não é o único produtor de si mesmo, mas é constituído por meio de uma relação "social" com o meio ambiente, a sua exterioridade energética. O *conatus* do sistema, em que este termo de Espinoza se refere à aspiração de cada coisa e contexto de permanecer no próprio ser e de aumentar o seu poder de atuar e de pensar (Spinoza 2007, pp. 236-239, teoremas 4, 6, 7 da 3. parte), e assim, o princípio de *causa sui* (ibidem, p. 76. teorema 34 da 1. parte), de ser a sua própria causa, acontece sempre de maneira ligada ao *conatus* e ao *causa sui*, do contexto abrangente entre sistema e a sua exterioridade energética respectiva.

O sistema é constituído por outro. O 'Eu' é 'Tu' apropriado (Feuser, Jantzen 1992, p. 13). Isto acontece tanto consecutivamente pela sucessão de seres vivos no marco da proliferação, quanto simultaneamente por meio de fluxos de informação e energia.

Apesar disso, porém, a posição do Eu percebe só a si mesma de modo direto e imediato, e pode notar o outro, o Tu, por meio (por mediação) de perturbações da margem do próprio corpo e aqui sobretudo, por meio de ressonâncias. Ressonâncias são conexões entre as oscilações de dois ou mais sistemas (pode-se tratar de relações de frequência de números inteiros, como na música), são *acoplamentos estruturais* entre dois ou mais sistemas espaço-temporais da auto-organização. Com a relação 'social' se desenvolve uma *subjetividade sobre-individual*. Aqui é que surgem e se desdobram o mundo das *emoções* e do *sentido*.

3.4. Energia, trabalho e vida

Um sistema de auto-organização, sendo ele um sistema aberto, só pode existir dentro de uma situação do desequilíbrio termodinâmico.

Se se coloca um volume de gás ou líquido num espaço que se pode considerar como sistema fechado, por exemplo uma xícara de café quente numa sala com temperatura estável, o que significa colocar uma situação de ordem e de estruturação, depois de algum tempo, esta ordem ou esta estruturação desaparecerá, ou seja, as temperaturas da xícara de café e a do ar na sala se assimilarão mutuamente. Um outro exemplo, se colocamos em um pote dois líquidos, em uma metade café e na outra metade leite, também esta estruturação se aniquilará, e os dois líquidos se misturarão. Diferentes ordens ou estruturas tendem a se aproximar ao mesmo estado de equilíbrio termodinâmico; e nestes casos a matéria contém um mecanismo de "esquecer" (Prigogine 1992, 32s). A entropia (uma medida de desordem, de falta de estruturação) aumenta.

Mas quando um volume de gás ou líquido se encontra numa situação de desequilíbrio termodinâmico, como numa situação onde em um lado se aduz calor e no lado oposto se encontra um espaço frio onde o calor pode evadir, acontece algo muito diferente. Se pode colocar por exemplo uma panela com água num fogão quente. Embaixo se aduz calor, e em cima se encontra o ar com uma temperatura relativamente estável e mais fria, onde o calor pode evadir. Naquela situação, surgem espontaneamente turbilhões na água, os *sistemas dissipativos*[25]. Se trata de movimentos altamente estruturados e ordenados, de sistemas espaçotemporais de alta complexidade que acontecem com certa estabilidade temporal ainda que durante um tempo limitado.

Com estes sistemas dissipativos já se pode analisar o que significam *trabalho* e *força de trabalho* em termos físicos. Trabalho significa que a energia em condição de alta ordem, alta estruturação (energia potencial), que se encontra entre o sistema e o seu entorno, se transforma na realização do próprio sistema, logo em um sistema complexo de movimentos ordenados espontaneamente (energia cinética). Neste processo de trabalho, por um lado uma parte grande da energia é *consumida* e se transforma em energia menos ordenada, com entropia aumentada,

---

[25] Ilya Prigogine, Lee Smolin (literatura indicada em cima).

sobretudo em energia de calor que evade no ambiente. Mas por meio do mesmo processo, se *produz* ao mesmo tempo uma estrutura espaçotemporal de alta ordem e de entropia reduzida, o próprio sistema. Este é simultaneamente o mesmo trabalho, como processo (energia cinética) e o "produto" do trabalho (energia potencial). Mas a *força de trabalho*, ou seja, a energia potencial que se transforma no trabalho do sistema, que então o constitui, não é idêntica ao próprio sistema, mas pelo contrário, se encontra na relação entre o sistema e o seu entorno, o que se situa em condição de desequilíbrio termodinâmico.

Gottfried Wilhelm Leibniz escreveu: "A agrupação de todas as condições é a causa plena de uma coisa."[26] Supondo que não existe imobilidade ou um *motor imóvel* no universo, se pode modificar esta frase e concluir que *a interação de todos os atos, processos e movimentos (energia cinética) é a causa plena (energia potencial) de um acontecimento (energia cinética)*. Além disso, segundo Lee Smolin; causas unilaterias não acontecem, mas suas interações; e isto significa que o último acontecimento indicado não é causado inteiramente, mas contém também a força de ser

---

[26] Assim traduzi a frase alemã: "Die Zusammenstellung aller Bedingungen ist die volle Ursache der Sache." Leibniz 1996, p. 17.

causa, força causadora. Dado que a energia potencial é sempre resultado de interações de movimentos, então de processos de energia cinética, isto vale também para um sistema ecológico, ou seja, para a relação entre sistema e o seu ambiente ou entorno de certa estabilidade temporal, e daí deduzimos que se trata outrossim de um sistema de auto-organização.

A qualidade de ordem, de complexidade ou de estruturação se encontra no *movimento*, ou seja, se encontra no sistema espaçotemporal. É o movimento que se reproduz – em interação com o seu entorno específico. Se pode subdividir, ainda que jamais separar, as atividades do sistema nos aspectos em que *gastam* energia de alta complexidade e aumentam a entropia, e nos aspectos contrários nos quais *recuperam*, reconstroem a estrutura de alta complexidade e de entropia reduzida (de energia potencial). Estes dois aspectos são inseparáveis um do outro, um não existe sem o outro, mas apesar disso pode predominar um ou outro alternadamente. O primeiro é "vida" e o segundo é "trabalho", para usar estes termos de modo aproximativo. O aspecto de trabalho do sistema, de reproduzir o contexto de energia potencial, só se realiza junto com o trabalho do entorno; os dois juntos *produzem* o sistema ou o ser vivo.

Assim como um sistema dissipativo, ou como a panela com água num fogão, dessa forma, a Terra é um sistema em condição de desequilíbrio termodinâmico. Isto se deve à energia solar na constelação Sol-Terra-Espaço sideral. Esta energia (potencial), que possibilita a totalidade da vida na Terra, é – para aqui delinear só alguns traços – em particular a base para a vida das plantas. A energia solar se transforma por meio do processo da fotossíntese com a clorofila em reações químicas, onde moléculas de água e dióxido de carbono são transformadas em carboidratos e oxigênio. Este processo é *trabalho,* cujo produto é uma estrutura de energia potencial. A combinação de carboidratos com oxigênio viabiliza que as células da planta *respirem*: por meio da oxidação acontece, que por um lado a planta transforma os carboidratos e o oxigênio outra vez em moléculas de água e dióxido de carbono e aumenta assim a entropia, mas por outro lado agora se realizam todos os movimentos da planta que custam energia, como o crescimento e outros processos. Todo o processo da vida da planta pode ser visto como energia cinética (vida), intermediada por objetivações, ou seja, atos de trabalho que reproduzem a energia potencial que é precondição para a continuidade da vida. Assim se mantém um processo de entropia reduzida dentro de um equilíbrio-fluxo.

Mas o processo de auto-organização contém uma dupla estrutura ou dupla forma. O mesmo processo que, visto de dentro, é "vida" ou energia cinética intermediada por objetivações ou atos de trabalho, visto de fora é "trabalho", ou seja, um processo que produz uma estrutura de energia potencial, a saber o corpo da planta mesma junto com o oxigênio. Energia potencial é sempre resultado de interações, de uma constelação, e pode ser vista como tal só de fora. Quando um animal ou ser humano se alimenta de uma planta (ou de outro animal) e respira, esta estrutura de alimentação e respiração significa energia potencial para ele, significa um entorno específico de desequilíbrio termodinâmico que possibilita a sua própria vida. Ao mesmo tempo, ele "coisifica" o outro ser vivo, quer dizer que reduz a totalidade da sua vida à produção de uma estrutura de energia potencial, à *produção de valor de uso*, de alimento. Agora, a energia potencial que se encontra na combinação do corpo da planta (ou de outro animal ou até mesmo de outro ser humano) com o oxigênio, se transforma em todos os processos de vida do animal ou do ser vivo que se alimenta e respira. Outra vez, no processo de vida do animal em questão e da mesma maneira de um ser humano, acontecem tanto processos nos quais predomina o aspecto de "vida" que gasta, esgota energia e aumenta a entropia (a desordem), como processos de "trabalho", os quais reproduzem as estruturas de energia potencial que viabilizam a continuidade da vida. Mesmo assim, nunca se pode separar os aspectos de vida e de trabalho; vida é sempre trabalho, e trabalho é sempre vida, porque em primeiro lugar se trata de um *movimento* em alta complexidade. Um paradoxo é que cada processo de auto-organização é ao mesmo tempo *vida* e é simultaneamente *trabalho* que produz uma "coisa", que é primeiramente o próprio corpo. Em outras palavras, cada processo de auto-organização *precisa* tanto de uma estrutura de energia em alta ordem para poder viver, quanto *produz* uma tal estrutura e pode ser consumido por outros por causa disso.

3.5. Relações contraditórias

Resulta que podemos distinguir entre dois ou três tipos de relações entre sistemas ou entre seres vivos, a saber: a ressonância, a heterotrofia e a concorrência. A última é a disputa pelo acesso limitado à exterioridade energética (sempre respectivamente específica), então à fonte da própria vida. Acontece concorrência entre plantas pelo espaço no solo e pelo acesso à luz do sol. Entre diferentes espécies de animais acontecem lutas territoriais. Entre seres humanos acontecem não somente guerras por territórios, mas também lutas pela posse de produtos de trabalho e de meios de produção, sendo que estes últimos são a alavanca ou o "fósforo" que conecta o trabalho humano com o trabalho da natureza e por isso a chave para o acesso à exterioridade energética.[27] Mas em certo sentido, a

---

[27]

      Karl Marx subsumia a terra e a natureza, como também os animais de trabalho, nos meios de produção. Mas temos que diferenciar entre *três* fatores de produção: a força de trabalho humana, a força de trabalho da natureza (consoante a aplicação: a terra, plantas, animais ou as águas, etc.) e os meios de produção (como ferramentas, máquinas etc.). É óbvio que a natureza explorada, geralmente, já foi modificada por trabalho humano. Mas ela não foi criada pelo ser humano de maneira alguma. Os trabalhadores, por sua vez, são por um lado – como qualquer ser humano – "produto" da interação entre a natureza (em muitos aspectos que não posso pormenorizar aqui) e o próprio ser humano, e por outro lado, eles foram especificamente modificados (mas não produzidos) por trabalho

concorrência é uma função da heterotrofia. Enquanto a heterotrofia imediata reduz todos os processos de vida de outro sistema ou outro ser vivo à mera produção de uma estrutura de energia potencial (alimento, valor de uso), a concorrência, por sua vez, aplica o mesmo esquema heterotrófico em um nível mais abrangente: na *relação* entre o outro ser vivo e a sua exterioridade energética. Para dar um exemplo entre seres humanos, a diferença seria simplesmente a questão se alguém come outro ser humano diretamente ou se ele come apenas a sua comida.[28]

É óbvio que existe uma contradição entre ressonância e heterotrofia, as duas se excluem mutuamente. Mas ao mesmo tempo, elas se encontram interligadas uma com a outra, uma não pode existir sem elementos da outra.

Heterotrofia significa que uma parte da energia potencial, então de uma estrutura complexa, ordenada, de um sistema ou ser vivo se transforma nos processos vivos (energia cinética) de outro sistema; mas isto só é possível se existe

---

humano, geralmente, antes dos seus atos do trabalho: por meio de educação, disciplinadamente, pelo "aparelho ideológico de estado" (Althusser). Karl Polanyi parece ter razão quando diz que tanto a terra quanto o trabalho / a força de trabalho (humanas) não são mercadorias no sentido estrito da palavra.

[28] Mais abaixo neste texto se verá também que a diferença entre caça (ato para a heterotrofia) e guerra (ato por concorrência) não é tão grande como parece.

certa semelhança de estrutura, logo de ressonância, entre os dois. E além disso, para não considerar somente a vítima individual respectiva da heterotrofia, mas o ambiente mais amplo, resulta que o *conatus* (aspiração e poder de permanecer no próprio ser) de um sistema dado é parte do *conatus* da relação social ou ecológica abrangente entre sistema e a sua exterioridade energética, porque um ser vivo dado só pode causar certa duração da própria existência, enquanto o sistema maior (o contexto da relação entre ele e o seu entorno) continuar se reproduzindo, ou seja, causar a duração da própria existência.

A ressonância, por sua vez, inclui um aspecto de heterotrofia porque implica que dois ou mais sistemas se suplementem ou escorem energeticamente de maneira mútua. Isto significa que cada sistema (ser ou processo vivo) participante se apresenta "voluntariamente" ao outro como energia potencial, ou seja, se 'coisifica' parcialmente para o outro, exterioriza em parte a própria autopoiesis em relação ao outro. Se trata de uma certa *negação* do próprio processo vivo, mas esta negação acontece de maneira mútua, recíproca; e por isso se encontra transformada e reinterpretada numa *afirmação maior* na dimensão abrangente de uma relação social ou ecológica. Tal processo de transformação e reinterpretação de algo parcialmente negado em uma afirmação em nível elevado corresponde à ideia de "aufheben", "Aufhebung" de Hegel, o que significa *abolir*, *preservar* e *elevar* ao mesmo tempo.

3.6. Autopoiesis exteriorizada

A dupla estrutura ou dupla forma segundo a qual um sistema da auto-organização pode ser visto tanto como energia cinética, processo vivo, intermediado por objetivações ("trabalho"), quanto como uma estrutura de energia potencial produzida pela mesma energia cinética, não somente possibilita a heterotrofia, mas também viabiliza que um ser vivo se apresente a si mesmo "voluntariamente" como energia potencial para outro. Isto acontece em muitas interrelações dentro de uma espécie e também entre diferentes espécies, como na simbiose. Se trata de autopoiesis exteriorizada, que em alguns casos acontece por meio de "objetos" produzidos fora do próprio corpo, como a teia da aranha (para o próprio futuro imediato), o favo e o mel da abelha, o formigueiro, os ninhos dos pássaros, os ovos e o leite para os filhotes respectivos. Quando se trata de "objetos", um ser vivo reduz uma parte dos processos da própria auto-organização a mero "trabalho"[29], à produção de uma coisa com energia potencial. Mas esta coisa nunca é um fim em si, pelo contrário o fim é o outro ser ou o próprio futuro onde este objeto possibilita gastar energia, então facilita a vida.[30] Com e sem objetos (sem objetos: por exemplo "serviços" como catar piolhos entre macacos), em todos estes casos se trata de certa objetivação ou coisificação de partes dos processos da própria vida, em que a *negação* é transformada e re-interpretada em uma *afirmação* no nível maior da vida abrangente e na maioria dos casos de uma relação social ou ecológica.

Segundo o etólogo Eibl-Eibesfeld (1972), com o aparecimento do cuidado dos filhotes entre pássaros e mamíferos começou o mundo do *amor* ou do carinho na evolução[31]. Isto inclui atos como alimentar com leite ou com alimentos procurados, aquecer, proteger, escutar etc. E mais além, muitos dos gestos de amor e carinho entre

---

[29] No sentido estreito da palavra: trabalho produtivo.

[30] Isto vale de maneira semelhante (no sentido da "autossimilaridade"), ainda que em outra dimensão, para a economia humana – se não se tratar de uma economia da exploração e da fetichização.

[31] Pode tratar-se de um exagero, porque já antes na evolução acontece a relação social afirmativa mutuamente, mas seguramente é uma nova dimensão ou uma nova qualidade em termos de autossimilaridade.

adultos, tanto dos pássaros como dos mamíferos inclusive os seres humanos, se desenvolveram a partir dos cuidados com os filhotes. Mas entre adultos, estes gestos e atos acontecem de maneira *recíproca*. Por exemplo, o gesto de abraçar se desenvolveu a partir do ato de proteger, ou a prática de beijar na boca, provêm da alimentação boca a boca.

No mundo humano, a autopoiesis exteriorizada se desenvolveu numa dimensão nova[32], como não existe entre outras espécies. Em muitos âmbitos da vida, já desde as necessidades básicas; como se alimentar e morar, se realiza uma divisão de trabalho dentro de um marco social. O trabalho especificamente humano comporta-se como um serviço ou um produtor de "coisas" (alimento, casa, etc.), é sempre uma certa coisificação, objetificação ou negação do próprio processo de vida imediato, mas esta *negação* é transformada e re-interpretada em uma *afirmação* ainda maior na dimensão abrangente e elevada da relação social humana. Podemos concluir que o trabalho humano é um ato de amor mútuo.

---

[32] "Dimensão nova" quer sugerir que se trata de uma nova qualidade que se pode comparar mesmo assim, segundo a ideia da autossimilaridade, com acontecimentos mais rudimentares na evolução.

E mais além, segundo discursos atuais de povos indígenas, acontece algo semelhante na relação entre ser humano e natureza.[33] A relação humana com a terra, as plantas, os animais, com a totalidade da natureza, é concebida como relação social e espiritual. Várias vezes o ato de utilizar a natureza com valor de uso, como para se alimentar e outros objetivos, é visto como problema[34], e esta compreensão tem a consequência prática de diminuir a exploração. Na medida do possível, existe a tentativa de realizar uma relação recíproca com a natureza. O ideal é nunca utilizar a natureza sem ao mesmo tempo a respeitar como sujeito(s) no marco de uma relação social e espiritual significativa. (Barranquero-Carretero, Alejandro; Sáez-Baeza, Chiara 2015). Daí resulta que segundo esta compreensão indígena, a negação que jaz na utilização e coisificação do trabalho da natureza, é transformada e re-interpretada numa afirmação maior no marco de uma relação social e espiritual com a natureza abrangente.

---

[33] -Barranquero-Carretero, Alejandro; Sáez-Baeza, Chiara (2015).
-As minhas entrevistas com indígenas de vários países da América Latina, realizadas no ano 2007, que usei para a minha tese de doutorado: Stosiek 2012.
[34] Assim em literatura de autores indígenas:
-Diakuru, Kisibi 2006, p. 18s e 30.
-Cabalzar 2005, pp. 67-69.
-Conto narrado por Ismael Pedrosa Moreira: "A mãe dos pássaros, emoamahsó", em Moreira (2001), pp. 111-114.

74

Considerando a complexidade das relações sociais entre os seres humanos e as entre os humanos e a natureza, quero sugerir que a totalidade do mundo humano em relação com a natureza circundante é energia cinética, vida vivida socialmente, intermediada pelas objetivações ou certas coisificações do trabalho humano e o trabalho da natureza, em que a negação que se encontra nestas coisificações é transformada em afirmação no marco da relação humana. O mau acontece quando se nega esta transformação, quando a relação social é recusada.

Na *exploração* do trabalho humano, seja no marco da escravidão, no trabalho assalariado no capitalismo, e além disso de maneira vinculada na exploração do trabalho da natureza, se reduz a energia cinética, que é a vida em relação social da humanidade e entre ser humano e natureza, à mera produção de uma estrutura de energia potencial. Esta estrutura pode ser uma coisa como produto de trabalho, se pode tratar de mercadorias, de dinheiro e de capital. Aqui já se vislumbra que a fonte geradora do *valor* (econômico) não é só o trabalho humano. Pelo contrário, o valor (energia potencial) dos produtos de trabalho e consequentemente do dinheiro é produto de vida social humana e da natureza, é a coisificação ou "coagulação" da relação social e espiritual entre os seres humanos e entre humanidade e natureza.

Um exemplo: quando se transforma uma área da Floresta Amazônica, onde povos indígenas costumavam viver em uma relação significativa com a natureza circundante, em uma superfície de campos de soja, convertendo ao mesmo tempo as pessoas agora expulsas e expropriadas em trabalhadores assalariados ou jornaleiros, tal acontecimento significa que se reduz a totalidade da vida social humana e da natureza, intermediada pelas objetivações do trabalho humano e o da natureza, que foram integradas na relação social entre os seres humanos e com a natureza, em mera produção de uma estrutura de energia potencial: atualmente capital.

Quando a coisificação temporária do trabalho é subordinada e integrada na relação social e espiritual abrangente, se trata de trabalho *vivo*; quando a relação social é subordinada à coisificação, à produção de uma estrutura de energia potencial, a transformação da negação em uma afirmação no marco de uma relação social é recusada. Isto é a *inversão*.

3.7. Contexto universal de vida e a sua coisificação

Para voltar a um marco mais geral da humanidade em relação à natureza, escolherei outra perspectiva para considerar o assunto. Se pode dizer que o conjunto de todos os atos de trabalho vivo, tanto dos seres humanos quanto da natureza circundante – enquanto esta última esteja envolvida –, que ao mesmo tempo constitui o contexto social e espiritual de sentido em que os seres humanos vivem em relação social entre eles e com a natureza, compõe a energia potencial a qual se transforma na reprodução do ser humano, ou seja da humanidade.

Como no caso do sistema dissipativo, também no caso do "sistema humanidade", o trabalho do *sistema* interagindo com o trabalho da exterioridade energética produzem juntos o sistema.

É devido à dupla forma que o contexto das relações sociais entre os humanos e entre eles e a natureza circundante, contexto que é energia cinética (na perspectiva desde dentro) intermediada pelas objetivações dos atos de trabalho (atos que respectivamente produzem temporariamente estruturas de energia potencial), pode ser visto também – numa perspectiva hipoteticamente de fora

– como energia potencial constituída ou produzida por dita energia cinética. Para enxergar este contexto de fora, um ser humano deveria se colocar fora do contexto social no qual está vivendo, o que não é possível. Mas tal coisificação da "totalidade" do sentido social ou da esfera espiritual pode ser executado em fragmentos, os quais representam o todo. O *todo* daquele conjunto de energia potencial a qual em cada momento se transforma na reprodução da humanidade é o *poder* como *potentia* (Dussel 2006)[35]. Ao mesmo tempo, este todo que é o poder, pode ser desarticulado e calculado, e nesta forma é o *valor* (econômico) em uma perspectiva coisificada. O valor que representa o poder pode ser percebido em fragmentos. Tanto o valor quanto o poder pertencem originalmente ao contexto da vida e da reprodução, mais em uma vista coisificada são atribuidos a 'coisas', a 'produtos'.

Se pode supor que a alienação do sentido social é tão antiga como o ser humano. Segundo uma hipótese (Drewermann 1991), a *guerra* se desenvolveu junto com a *caça*. Quando representantes dos hominídeos, os quais se alimentavam principalmente de plantas, na época da transição ao ser

---

[35] Para Dussel, a *potentia* está originalmente no povo; na minha interpretação, ela se encontra na relação entre ser humano e natureza.

humano, inventaram armas para matar animais a distância, chegaram a transgredir a inibição natural de matar, e isto, ao mesmo tempo, ultrapassou a inibição de matar pessoas, dado que não se distinguia categoricamente entre animais e humanos. Se pode supor que as armas de longa distância causaram uma fascinação inédita, porque por meio de relativamente pouca energia gasta, se obteria uma enorme quantidade de energia potencial: o animal morto e o ser humano morto. Aqui começam a fetichização e a necrofilia (Erich Fromm), também o sadismo e a vontade de torturar, a veneração e a ligação afetiva a uma *coisa* com energia potencial que substitui de vez o contexto da vida vivida em relações sociais. Quando se come juntos o animal ou o ser humano morto, este objeto parece estar dotado de uma força mágica. Por um lado se *recalca* a sensação da vida em relação social no curso da coisificação, em que a repressão começa na relação social e transita para dentro da psique; porém, devido ao fato que a repressão nunca consegue se executar completamente (Freud 1952, p. 63), mas resulta numa projeção, surgiram os *deuses*. Se pode supor que uns hominídeos mataram um urso, animal grande que admiravam. Quando se coisifica o animal, ele é transformado numa coisa com energia potencial, ao mesmo tempo surge o urso na imaginação como um deus, o qual é venerado. Na religião e nas emoções de culpa e de gratidão se tenta recuperar a relação social a qual foi negada na coisificação que aconteceu no curso da matança; ou seja, a tentativa de transformar a negação sucedida em uma afirmação na dimensão espiritual.

Segundo Pierre Clastres (1982, p. 170), todos os povos indígenas, os quais os Europeus encontraram no mundo inteiro, eram povos com atividades guerreiras. Ele examinou especialmente povos indígenas das Américas, sobretudo na América do Sul. Em vários povos existiam grupos de homens, os quais estavam particularmente engajados na guerra. Tais guerreiros eram pessoas "para a morte" (ibidem, pp. 232 ss). Os *caçadores* e ainda mais os *guerreiros* acumulavam a sua glória e o seu prestígio por meio das suas façanhas. Dentro da comunidade era totalmente malvisto acumular qualquer coisa; era necessário ser generoso. Principalmente um chefe tinha que dar todo o possível aos outros. Além disso, era malvisto ou tabu exercer poder sobre outros. Se um chefe tentava impor a sua vontade sobre outros, estes o abandonavam ou até mesmo matavam (Clastres 1978). Mas, tudo isto acontecia dentro da comunidade. Em relação aos outros era diferente. Um guerreiro coletava escalpos dos inimigos, os quais tinha matado. Estes escalpos, já uma expressão de *forma de valor* (em perspectiva coisificada), eram um fundamento da glória do guerreiro, ainda que um indivíduo nunca poderia conquistar a glória diretamente, a menos que esta fosse outorgada pela comunidade. O prestígio do guerreiro e de maneira comparável ao do caçador consiste no fato que os outros membros da comunidade têm acesso à energia potencial, a qual o guerreiro ou respectivamente o caçador abre por meio das suas façanhas – em que ele coisifica a vida de partes da natureza (animais grandes e majestosos na distância) e de seres humanos de comunidades outras, vistas como inimigos. O guerreiro, "homem para a morte", tinha que aumentar constantemente as suas façanhas para permanecer reconhecido pela sua comunidade, e com isto viveria cada vez mais perigosamente, seria cada vez mais provável que ele morreria numa batalha ou se tornaria prisioneiro de guerra. Uma vez prisioneiro, nunca mais seria recebido pela sua comunidade em caso de fuga. O seu destino seria ser torturado, o que terminaria com a morte na maioria dos casos, ou ser morto e comido (Clastres 1982, 230ss). Logo, a guerra é um campo onde a vida é substituída pela morte, a energia cinética pela energia potencial, a qual é absorvida como se fosse um fim em si. Aqui já começa a lógica e a psicologia da *acumulação*, a *inversão dos afetos.* A glória e os escalpos são passíveis de acumulação, *nunca são suficientes* (ibidem), e a sua ampliação é sempre necessária. Isto se deve ao fato que uma satisfação na vida se logra por meio de vida vivida, de energia cinética, em que as estruturas de energia potencial servem meramente como intermediações, mas logo que se trata estas "coisas" como fins em si, se vive constantemente sem satisfação, e isto vai aumentar os desejos desviados até o infinito.

Tanto uma coisa real como o escalpo, quanto uma coisa simbólica como a glória, contém valor ou poder, porém não o contém literalmente em si, mas o contém simbolicamente porque representa o acesso ao poder ou ao valor real, o que consiste na interação entre todos os atos de trabalho vivo dos seres humanos e da natureza circundante. Aquele ser humano que por meio das suas armas de longa distância – e além disso, com a sua habilidade, com a sua valentia e com manha – consiga se apropriar de uma porcentagem aumentada da energia potencial a qual se encontra entre a humanidade e a natureza, ele amplifica com isto o seu poder *sobre* a natureza e *sobre* outros seres humanos, enquanto qualificados como inimigos, e por isto aumenta o *valor* nas suas mãos.

No que diz respeito às relações sociais *dentro* da comunidade respectiva, as sociedades humanas *antes* de desenvolver uma agricultura em grande escala eram, como pensa Pierre Clastres, sociedades "contra o Estado" (Clastres 1978), isto quer dizer sem as pessoas terem poder *sobre* as outras, e sociedades sem acumulação, ou seja, que existia o costume de dar e receber, nestas situações quem dava muito recebia muito prestígio. Mas o que Clastres diz, valia só *dentro* da comunidade respectiva. Já se executava poder sobre outros seres humanos e outros seres da natureza, além disso, também acontecia a acumulação, mas isto sucedia fora da própria comunidade, sobretudo na caça e na guerra por meio das armas de longa distância. Graeber e Wengrow (2018) salientam que na Asia e nas Américas, depois do desenvolvimento da agricultura diversificada e de cidades grandes, existiam sociedades que eram igualitárias e nas quais as mulheres dispunham de uma posição social alta. Mesmo assim, em alguns momentos da história, na Ásia e de maneira muito parecida nos Andes[36], surgiram sociedades com uma agricultura altamente desenvolvida e ao mesmo tempo social e religiosamente extremamente hierarquizada. Tal coincidência pode sugerir que se trata da dominação sobre a *força de trabalho*, tanto da natureza (terra, plantas, animais) quanto do ser humano. Pensando com Graeber (2011), a dominação total sobre outros seres humanos e a natureza dentro da própria sociedade não começou junto com a agricultura, mas mais tarde, com uma nova aplicação dos meios de violência, com uma nova etapa de guerra para fora (capturando escravos) e para dentro (mantendo os escravos). A coisificação total e exploração de outros seres humanos e da natureza, ou seja, a exploração do tecido da *relação social e espiritual* entre humanos e entre ser humano e natureza – intermediada por objetivações, ou seja, atos de trabalho – que anteriormente só eram executados na caça e na guerra, fora da própria comunidade, agora retorna para dentro da sociedade. Se inaugura a *sociedade de classes* na qual tanto a classe que trabalha quanto uma grande parte da natureza são excluídas socialmente. Ao mesmo tempo, começou a

---

[36] Clastres 1982, capítulo *Mitos e ritos dos índios da América do Sul*, pp. 84ss.

84

religião altamente hierarquizada com templos e sacerdotes. O dominador, senhor da terra, pelo menos no caso das culturas antigas de Mesopotâmia e de Egito, era visto como Deus ou Semideus.

Como acontecia anteriormente com a *caça* e a *guerra*, agora a *exploração* sistemática do trabalho, da natureza e do trabalho do ser humano é uma maneira de obter *mais-valia*. Enquanto a caça e a guerra são formas de *subsunção formal* do trabalho (da natureza e do ser humano) para a obtenção de riqueza material (energia potencial), a exploração é *subsunção real*.[37]

Como se obtém mais-valia? Mais-valia é "mais valor". Será útil refletir uma vez mais do que significa *valor*. A relação social entre os seres humanos e entre os humanos e a natureza circundante, ou seja, a esfera espiritual e 'divina' na qual vive o ser humano socialmente com a natureza é energia cinética intermediada por objetivações (estruturas

---

[37] Conceito de Karl Marx que utilizo aqui de maneira modificada e estou tematizando mais abaixo. *Subsunção* significa sujeição em que se nega a subjetividade dos sujeitos do trabalho, e ao mesmo tempo o resultado do trabalho, a riqueza material, ou no capitalismo o capital, obtém a aparência de ser sujeito do processo. Na *subsunção formal*, os processos de vida e de trabalho permanecem inalterados e se rouba somente os resultados. Na *subsunção real* pelo contrário se domina e controla o processo inteiro de trabalho e vida como acontece na escravidão e na agricultura extensiva; no caso do capitalismo na monocultura e na criação de animais em massas.

de energia potencial, 'produtos'). O 'trabalho' é um processo que constantemente reproduz este conjunto da vida. O 'valor' é respectivamente o resultado do trabalho, então aquele cruzamento de energia cinética e potencial, característico do equilíbrio-fluxo de sistemas da autopoiesis. Mas numa perspectiva que objetiva os processos, se verá o *trabalho* como um processo que produz meramente 'produtos', e o *valor* aparecerá como qualidade (generalizada) do 'produto', isto é como energia potencial. E quando se objetiva a totalidade dos processos da vida, a energia potencial produzida por esta energia cinética, ou seja, o conjunto de todos os produtos e serviços que depois se transformam na auto-reprodução e transformação da humanidade é tanto o *poder* (potentia) quanto se trata da suma do *valor*. Apropriação de *mais-valia*, logo de mais valor, acontece com o princípio do *dilema de energia* (Nachtigall 2000; Nachtigall 2005, p. 194). Este significa de modo genérico que cada ser vivo, para poder sobreviver, tem que *calcular* a quantidade de energia livre / energia em alta complexidade que gasta e a que ganha. Se se considera o aspecto dos processos vivos nos quais um ser vivo reproduz a energia potencial, a qual é necessária para poder continuar gastando energia (transformar energia potencial em energia cinética), um ser vivo, por exemplo um animal que se torna ativo para se alimentar, procurará gastar *pouca* energia e ganhar *muita* energia. Sem *calcular* desta maneira, segundo o *dilema de energia,* não poderia sobreviver. Mesmo assim, o dilema de energia nunca pode constituir o único princípio de vida, porque além da *reprodução* da energia potencial, que é necessária para o processo de vida, o próprio gasto de energia é o outro aspecto da vida. Todos os afetos, as necessidades e os desejos, não se podem dirigir unicamente ao princípio do dilema de energia, de gastar um mínimo e ganhar um máximo de energia potencial, mas necessariamente eles têm que se dirigir ao mesmo tempo também ao próprio gasto de energia como processo de vida. De modo mais genérico, eles estão ligados ao processo de vida como *movimento* em alta complexidade, aquém da divisão dos dois aspectos.

O *dilema de energia* é sobretudo a tendência de agir na *heterotrofia* e na *concorrência*. Ocorrem outras relações entre seres vivos e sistemas como a ressonância, a simbiose e mais circunstâncias na ecologia, onde os gastos mútuos de energia tendem a uma igualdade recíproca.

A *caça*, a *guerra* e a *exploração* do trabalho são acontecimentos nos quais o ser humano tende a atuar unicamente com o princípio do dilema de energia. O explorador de trabalho alheio gasta um mínimo de energia própria para ganhar um máximo possível. A esfera 'divina', ou seja, o conjunto de vida vivida humanamente, socialmente em uma relação abrangente com a humanidade e a natureza, sendo isto energia cinética, desaparece virtualmente e aparece só na forma "coagulada" na riqueza material, no valor e na mais-valia (energia potencial).

Mas além de obter mais-valia, segundo a lógica do dilema de energia, procedimento que corresponde à heterotrofia e à concorrência, o ser humano inventou algo novo: a troca e a dádiva orientadas na *equivalência*.

3.8. A invenção da troca e da dádiva baseadas no princípio da equivalência
Ou "sexo e dinheiro"

Mesmo que, segundo Pierre Clastres (Clastres 1982, p. 170), todas as comunidades indígenas encontradas pelos Europeus em diferentes continentes do mundo praticavam a guerra, existem indícios sobre períodos longos de paz na história e pré-história.

Raymond C. Kelly (Kelly 2005) argumenta que provavelmente, como os chimpanzés de hoje, também os *hominídeos* que eram os ancestrais dos seres humanos efetuavam conflitos entre grupos da mesma espécie, conflitos pelos territórios, então de concorrência, e chegavam até a matar indivíduos dos grupos opostos respectivamente. Uma consequência era que, por um longo período se evitava os conflitos, e por conseguinte o aparecimento de espaço territorial não aproveitado.

Quando certos ancestrais do ser humano, presumivelmente representantes do *homo erectus*, aproximadamente um milhão de anos atrás, inventaram as armas de longa distância como o dardo, com o qual chegavam a caçar animais grandes, os conflitos rivais entre diferentes grupos da mesma espécie se tornaram muito mais sangrentos, e as "zonas tampão" tornavam-se muito mais perigosas do que antes. O autor supõe que o *homo erectus,* já naquela época, inventou um comportamento totalmente novo. Os grupos começaram a estabelecer relações mútuas de cooperação por meio da dádiva e troca, festas comuns e a exogamia entre os grupos.

Existe outro indício histórico de um acontecimento comparável. Segundo a autora *Laurette Séjourné*, a qual trabalhava em escavações em Teotihuacan e comparava o material arqueológico, tanto com textos antigos quanto com costumes e conhecimentos indígenas modernos, chegou a uma hipótese interessante (Séjourné 1971, pp. 308-310). No século 16, ainda existiam mercadores viajantes na região onde hoje se encontra México e na Mesoamérica, os quais eram ao mesmo tempo missionários do pensamento da cultura *nahua*. Se denominavam de *pochteca*. Eles fundaram a cidade comercial *Xicalanco,* na beira oriental do golfo de México. Esta práxis, inclusive a utilização de *cacau como dinheiro* e de uma estrada ainda usada pelos Aztecas, se remonta ao apogeu da cultura de Teotihuacan, na época entre os séculos II-VII. O deus dos mercadores viajantes, *Yacatecutli*, é representado com uma carga de cacau. Os pochteca espalharam a cultura nahua, a partir do século V sem nenhuma guerra, pacificamente, em uma área territorial enorme.

Podemos acrescentar que na maioria dos povos indígenas no mundo que viviam, independente da cultura europeia e europeizada se praticava e pratica a exogamia. Bronislaw Malinowski destaca uma extrema liberdade sexual entre povos indígenas nas ilhas Trobriand, em que as relações e casamento acontecem sempre entre grupos totêmicos diferentes e respeitando o tabu do incesto (Malinowski 1976). Ele cita um exemplo de um costume referente à relações sexuais antes do casamento entre os Kiriwina nas ilhas Trobriand, perto de Nova Guiné, com a condição de acontecerem entre pessoas de diferentes comunidades: segundo este costume, um grupo de mulheres ia a outra aldeia "para dormirem com os jovens dessa aldeia. Qualquer homem solteiro que goste de uma das raparigas visitantes dá-lhe (através de um intermediário) um pequeno presente (um pente, algumas rodelas de conchas ou escamas de casca de tartaruga), que lhe é entregue com as palavras '*kam paku*'. Se aceito, os dois pertencem um ao outro durante a noite." (Malinowski 1984, p. 170) Neste exemplo, a dádiva simbólica está conectada com uma relação sexual entre diferentes aldeias, que também poderiam se encontrar em guerra.

As duas reconstruções históricas e uma observação como a de Malinowski levam a uma nova hipótese. Parece que várias vezes na história e pré-história, grupos de seres humanos superavam os conflitos guerreiros e conseguiam estabelecer relações pacíficas. Tanto a dádiva e a troca quanto a sexualidade desempenhavam um papel significante. A dádiva e a troca constituem uma práxis orientada na *equivalência*. Esta é posta no lugar do princípio do *dilema de energia*. Já não se aspira gastar um mínimo e ganhar um máximo de energia, dar o menos possível e receber o mais possível, como é a tendência na heterotrofia e nos conflitos da concorrência, e assim na caça e na guerra, mas pelo contrário se ambiciona a igualdade. Em culturas da dádiva e da troca, quem dá mais, aumenta o seu prestígio (Mauss 2003). Não dar, não aceitar uma dádiva ou não dar de volta uma dádiva, pode significar uma declaração de guerra (ibidem, p. 37). Para assegurar a equivalência, se inventou o *dinheiro*, em forma de cacau, no caso da cultura de Teotihuacan, em forma de objetos preciosos em outras culturas. O dinheiro era uma categoria de objetos com alta significação simbólica. A invenção da dádiva e da troca baseadas no princípio da equivalência fundou uma *dimensão universal* do ser humano. Como acontecia com o *dilema de energia*, também a *equivalência* se refere sempre ao contexto relacional entre ser humano e a sua exterioridade energética da natureza circundante (terra, floresta etc.). O objeto que se troca em dádivas mútuas é trabalho da natureza e do ser humano 'coagulado', se trata de uma objetivação, uma certa coisificação e negação de atos vivos. Mas na práxis da dádiva mútua, se estabelece uma *relação social abrangente* entre os diferentes grupos de seres humanos e entre eles e a natureza, e em tal relação a negação é transformada e re-interpretada em uma afirmação em nível maior. Na exogamia, a sexualidade que é a relação social humana mais íntima, desempenha ao mesmo tempo o papel de ser a relação mais universal, mais abrangente do ser humano. E por isso mesmo poderia ser que na pré-história e na história do ser humano, a sexualidade junto com os costumes da troca e da dádiva transformaram profundamente as relações sociais humanas, tornando-as universais.

Pelo menos existe sempre esta possibilidade humana...

4. A perda recorrente da equivalência e a sua inversão como início do capitalismo

Provavelmente, cada nova onda de invenções de meios de produção pode constituir uma nova "sedução", comparável ao começo da caça com armas de longa distância, tal sedução acontece pela quantidade enorme de energia potencial que se pode obter por meio de relativamente pouca energia própria gasta. Assim, o progresso econômico está muitas vezes acompanhado por novos acontecimentos de guerras, de exploração de trabalho e de violência estrutural.

Com o surgimento do capitalismo (a invenção dos juros aconteceu na antiguidade), o dinheiro deixou de assegurar o princípio de *equivalência* e começou a representar o *princípio do dilema de energia* em um nível novo.

Um momento decisivo foi, provavelmente, a conquista das Américas – junto com os outros atos de colonização; como na África e na Ásia. De um momento para o outro, os conquistadores depararam-se com um conjunto de "energia potencial" gigantesco e começaram a explorar o trabalho humano e o trabalho da natureza, não considerando os seres humanos e nem a natureza como sujeitos.

A revolução industrial na Inglaterra, no final do século XVIII, provocou, provavelmente, uma nova atração sobre os produtos, que eram, mais uma vez, uma enorme quantidade de energia potencial que se apropriava por meio de relativamente pouca energia gasta. Este acontecimento impulsionou a adoção do livre mercado como princípio norteador da sociedade e como uma religião (Polanyi 2001, p. 145).

Antes, na Idade Média, existiam mercados locais que estavam sempre regularizados socialmente. Supõe-se que certo autoritarismo estava combinado com um sentido social. Também se praticava o comércio à distância, este possuía traços característicos da caça e da guerra, onde os comerciantes eram aventureiros que aspiravam fazer lucro (ibidem, pp. 59 ss). Mas este tipo de mercado foi marginalizado e limitado para não perturbar os mercados locais.

O chamado livre mercado, porém, equivale ao comércio à distância e o universaliza em termos do princípio do dilema de energia. Como na "caça" e na guerra, é a *distância* a qual facilita a invisibilização do trabalho vivo e da subjetividade do Outro e da Outra.

O capitalismo começou plenamente quando tanto a força de trabalho humana quanto a força de trabalho da natureza, a terra, foram tomadas como mercadorias (ibidem, 72ss; 86). O emprego das duas como mercadoria possibilita que apesar da aparência de igualdade que o dinheiro produz, se explore o trabalho humano e o da natureza, segundo o princípio do *dilema de energia*. Assim, a exploração do trabalho das duas é a fonte da mais-valia no capitalismo. Para Karl Marx só o trabalho humano era fonte do valor e da mais-valia. Mas se ele tivesse razão com o cálculo que o trabalhador explorado produz mais valor do que recebe como salário dentro de um período dado, e que este mais valor é a base da mais-valia, o trabalhador – posto que valor é energia potencial – seria um *moto contínuo* (perpetuum mobile) de primeira espécie.

4.1. Aparência de equivalência e os três fatores da produção

Karl Marx caracteriza o movimento do *capital industrial* em diferentes *formas*, em que o mesmo capital industrial se está transformando de uma em outras formas constantemente, como "D M P M' D'" (Marx 1963, p. 31)[38] em que D=dinheiro, M=mercadoria, P=produção. Explica que o capitalista (genérico) investe o capital em forma de dinheiro (D) e compra as mercadorias força de trabalho (do trabalhador) e meios de produção, o que significa que o capital na forma de dinheiro se transforma em capital na forma de mercadoria (M). Depois disso acontece a produção (P) na qual se explora a força de trabalho do ser humano, processo que gera mais-valia; o resultado da produção são o capital em forma de mercadorias com mais valor do que tinha antes (M'); estas últimas são vendidas, e com tal venda o capital se transforma em capital na forma de dinheiro com mais valor (do que tinha antes) ou mais-valia (D').

Esta fórmula e a explicação de Marx precisam ser modificadas. Karl Polanyi afirma que nem a força de trabalho (humana) e nem a terra – cujo emprego (dos dois) como mercadoria constituiu não obstante o começo do capitalismo – são mercadorias de maneira alguma no significado estrito da palavra, porque os dois não são produtos da economia (Polanyi 2001, 72ff; 86). Segundo a minha análise, se trata da força de trabalho (energia

---

38 As letras em alemão usados no original: G W P W' G'.

potencial) da natureza no caso da terra, e da força de trabalho do ser humano. Os dois são "produtos" da reprodução da natureza e do contexto da relação entre ser humano e natureza. O emprego dos dois como mercadorias, a sua compra e venda, cria a *aparência de equivalência*. A exploração dos dois, intermediados pelos meios de produção, cria a mais-valia. A fórmula modificada se vê assim: D-F+mp-P-M'-D', em que F=força de trabalho da natureza e do ser humano, e mp=meios de produção. Isto significa que o capitalista (genérico) investe capital em forma de dinheiro, comprando os *três fatores da produção*, 1) a força de trabalho do ser humano (medida em horas), 2) a força de trabalho da natureza (terra), e 3) os meios de produção (ferramentas, máquinas). A compra e exploração da força de trabalho é na verdade exploração de sujeitos em que se trata de sujeitos humanos e em relação com estes da natureza como sujeito(s).

Cabe acrescentar que, obviamente, cada capitalista não compra terra. Mas os produtos da terra, da natureza, da biosfera e geosfera subjugadas, do mar, e sobretudo os produtos da *natureza do Sul global* (recursos naturais, produtos de monoculturas) são sistematicamente baratos. É por este caminho, que também para empresários que não compram terra pessoalmente, a exploração do trabalho da natureza entra na produção. Esta produz os alimentos dos trabalhadores e os 'alimentos' (como Marx formularia) para a produção (materiais, recursos). A porcentagem do trabalho da natureza na produção e na geração de valor e mais-valia é tão gigante, que suponho que não pode existir capitalismo sem (neo-)colonialismo.

Todo aumento de valor consiste na exploração do conjunto da reprodução entre natureza e ser humano. Tal reprodução é a única garantia de certa estabilidade do valor.

Outra consideração pode aclarar este assunto. Valor significa energia potencial. Wolfgang Jantzen caracteriza em um texto recente o valor como energia potencial e ao mesmo tempo os processos vivos, tanto o trabalho vivo como o consumo, como energia cinética, em que constantemente acontecem processos de transformação entre estas duas formas de energia (Jantzen 2013). Na época de Karl Marx, a termodinâmica como tema da física apenas se desenvolvia, e mesmo Marx usava o termo *força* naquele sentido, que mais tarde se denominaria de *energia potencial*, por isso chegando a falar da *força de trabalho*, e usava *trabalho abstrato* no sentido que mais tarde se denominaria de *energia cinética*. Poucos anos mais tarde,

Friedrich Engels se debruçou sobre as questões da transformação de energia na natureza (na sua obra Dialética da Natureza), e em outro lugar associava de passagem o *capital* com o conceito físico novo da *energia potencial* (nota de rodapé por Engels em Marx 1963, p. 83).

Mas onde se encontra a energia potencial? Ela não jaz simplesmente na mercadoria, mas está sempre na interação entre todos os processos, entre ser humano e natureza. A energia potencial nunca pode ser guardada, e o único lugar de certa estabilidade da energia potencial (e por isso também do valor) é a reprodução em sistemas de autopoiesis, tanto da natureza quanto do ser humano. Quando um proprietário de uma mercadoria dispõe do *valor* desta, isto significa, na verdade, que o *valor de uso* da mercadoria consiste em que por intermediação desta coisa ele dispõe de um lote da energia potencial (que ao mesmo tempo é o poder) que se encontra entre a comunidade humana e a natureza. O que se aplica a qualquer mercadoria, vale especialmente para a propriedade de força de trabalho da natureza e do ser humano assim como para a propriedade de meios de produção. Estes últimos são como um fósforo, a chave para dominar o trabalho da natureza por meio de trabalho humano.

Assim, na verdade, a fonte do valor e da mais-valia jaz na ligação da reprodução do ser humano com a reprodução da sua exterioridade energética, a natureza. A exploração da universalidade da vida humana e da vida da natureza circundante é a fonte direta do crescimento do capital; a vida dos dois está imediatamente afetada e reduzida, negada pelo capitalismo, dentro do qual não acontece nenhuma transformação real em uma afirmação em relação social (Aufhebung).

Na antiguidade, a *dominação sobre a terra* era essencial para obter riqueza material, e na modernidade, a *propriedade privada de meios de produção* se tornou cada vez mais importante. Assim, a propriedade privada é expressão da concorrência total. E ao mesmo tempo, a causa histórica pela pobreza absoluta no capitalismo não é somente a *expulsão* da maioria das pessoas da terra junto com a privatização dela mesma, como a transformação de terra de propriedade coletiva em propriedade privada, mas também a exclusão da maioria das pessoas do acesso aos meios de produção.

4.2. Valor econômico e preço

O trabalho vivo (energia cinética), tanto da natureza quanto do ser humano, é a fonte do valor (energia potencial). Mas como se mede o valor? O "homo economicus" o mede meramente por meio da utilidade. Não se trata, porém, da ideia de utilidade em termos subjetivos, segundo a economia neoclássica, mas pelo contrário, de utilidade *objetiva*. Esta acontece no processo da consunção: enquanto na *produção* uma parte (quantitativamente pequena, mas significativa) da energia cinética do trabalho se transforma na energia potencial do produto (ou do serviço), na *consunção* esta energia potencial se transforma em energia cinética da vida da pessoa que está consumindo (no caso de alimentação, tal energia cinética acontece dentro do corpo, nos movimentos etc., no caso de transporte, a energia cinética acontece no movimento da pessoa respectiva, etc.). Se a quantidade de energia potencial consumível de um produto aumenta, o seu valor aumenta. Mas o preço não corresponde exatamente ao valor. Este último poderia acontecer numa comunidade que estivesse orientada por relações sociais mútuas. Mas no capitalismo, onde o mercado é anônimo, os participantes dele tendem a atuar não segundo o princípio da equivalência ou reciprocidade (como na ressonância), mas segundo o princípio do *dilema de energia,* o que significa que se tenta gastar um mínimo possível e ganhar um máximo possível de energia (como na heterotrofia). Por isto, quanto mais brutalmente se explorar o trabalho, ou também quanto mais "invisível" se tornar o trabalho vivo, tanto mais barato – relativamente – será o produto. Aqui se trata de um processo social de *invisibilização.* Quando o trabalho acontece no Sul global, ou quando se trata do trabalho da natureza, o preço vai baixar – em comparação com o trabalho humano, o trabalho "branco" e o que se executa no "Norte" respectivamente. Segundo Karl Marx, no curso do desenvolvimento das forças produtivas, ou seja, dos meios de produção, a porcentagem do "capital constante" aumenta cada vez mais em relação ao "capital variável", que o capitalista investe para produzir uma quantidade dada de produtos, no qual capital variável corresponde aos custos dos salários dos trabalhadores, e o capital constante corresponde aos custos dos meios de produção, da matéria prima, da terra etc. Marx argumenta que devido a esta transformação, o valor respectivo, e com este os preços dos produtos, baixam porque a quantidade

103

de trabalho (humano) que é necessário para uma quantidade dada dos produtos, diminui. Mas na verdade, no capital constante se trata do trabalho da natureza. Este trabalho se torna mais invisível, melhor dizendo mais *invisibilizado*, e por isto resulta que o valor permanece o mesmo, contudo os produtos passam a serem mais *baratos*. A famosa economia da oferta e demanda, que ao mesmo tempo faz invisível o trabalho vivo, tanto do ser humano quanto mais da natureza, é uma economia dirigida pelo princípio norteador do *dilema de energia,* que lesa as relações sociais e tende à exploração total.

Se poderia contestar que no capitalismo se tende a aumentar o valor, apropriar-se de mais-valia, sem considerar nenhuma utilidade, só para aumentar o lucro como se isto fosse a finalidade única. Isto é verdade, e aqui se encontra uma contradição real. Porque por um lado é esta a motivação do capitalismo, mas mesmo assim, se pode – não falando em "bolhas financeiras" que rebentam – aumentar o valor só por meio da venta de produtos e serviços, então por meio da sua utilidade.

Algo totalmente diferente aconteceria se se tratasse de uma economia da equivalência. Esta pressupõe uma relação social da empatia e da alteridade, em que cada sujeito da comunidade da economia enxerga, percebe a *energia cinética*, ou seja o trabalho vivo, detrás da *energia potencial* do produto ou do serviço. Se avistaria a subjetividade do trabalho dos seres humanos e da natureza. Naquele caso se mediria o valor do produto e do serviço não só pela "utilidade objetiva", ou seja, por meio da energia potencial consumível respectivamente, mas pelo trabalho vivo das pessoas e da natureza involucradas. A utilidade mútua ficaria integrada numa relação social e espiritual (inclusive erótica) abrangente, na qual a *negação* que jaz na objetivação da vida que é o trabalho (autopoiesis exteriorizada), se encontraria transformada em uma *afirmação* mútua da vida.

Como já se tematizou, é de supor que já existiam e existem sociedades com economia da equivalência. E seria possível reinventar uma economia como função de relação social.

4.3. O trabalho da natureza como fonte da mais-valia

Podemos acrescentar mais um argumento a favor da suposição do papel essencial do trabalho da natureza na geração do valor e sobretudo da mais-valia. O autor Jared Diamond (1997) pesquisou sobre as causas históricas e pré-históricas do acontecimento de riqueza e pobreza, das diferenças enormes de riqueza material e de desenvolvimento organizativo, estatal e técnico na humanidade. O seu enfoque é a consideração da história humana em termos das ciências naturais. Ele pressupõe que a natureza do ser humano, que inclui o seu corpo, a sua inteligência e a sua capacidade de trabalhar, é essencialmente igual entre todos os seres humanos. Como então explicar as enormes diferenças culturais, materiais, técnicas?

A sua resposta remete às condições naturais: em algumas regiões da Terra, como no leste e no oeste da Ásia, se encontravam muitas espécies de plantas e animais aptos a serem domesticados, e em outras regiões como na Austrália se encontravam poucas ou nenhuma. Além disso, em algumas regiões como na Ásia, estas espécies, quando domesticadas e usadas, podiam ser espalhadas entre o leste e o oeste de maneira relativamente fácil, devido ao clima que difere pouco. Nas Américas, pelo contrário, a difusão de espécies domesticadas em uma região dada ou não acontecia ou se dava de maneira mais difícil, porque dentro da linha entre sul e norte, o clima é permanentemente diferente entre um lugar e outro.

Em outras palavras, o primeiro passo do desenvolvimento de uma desigualdade material enorme na humanidade, se deu por possibilidades desiguais referente à utilização potencial da natureza. Em um segundo passo, várias sociedades mais desenvolvidas em termos materiais e técnicos costumavam expandir, deslocar, matar ou conquistar os outros que eram material e militarmente mais fracos. Mas o primeiro passo é de suma importância porque indica que a desigualdade material da humanidade em escala mundial se produziu – com a suposição da *capacidade igual a trabalhar entre todos os seres humanos* – por meio de um *acesso desigual ao trabalho da natureza*. Esta desigualdade se dava no primeiro momento por coincidências no que se referia à composição da biosfera, da geosfera e do clima. Mas em um segundo momento histórico, as sociedades organizaram e institucionalizaram o acesso desigual ao trabalho da natureza por meio de propriedade de terra, de exclusão de outros da propriedade, de formas de dominação, escravidão etc., e na história moderna também pela propriedade privada e desigual dos meios de produção (os quais constituem, além da propriedade que se refere à natureza, o poder sobre o trabalho da natureza). Podemos supor que o acesso desigual ao trabalho da natureza sempre constituiu a fonte de geração de riqueza material desigual. Ou seja, até no capitalismo de hoje, a porcentagem do trabalho da natureza em relação ao trabalho humano é essencial na produção da mais-valia, porque sem o trabalho da natureza é impossível explicar a possibilidade da apropriação desigual de valor em escala mundial. O capitalismo, desde o início, não poderia acontecer nem ser compreendido, sem a exploração crescente da natureza e a sua coisificação, ou seja, sem a redução dos seus processos vivos em 'relações sociais' (energia cinética) à mera produção de valor (energia potencial). Isto vale sobretudo, desde o começo do colonialismo até hoje em dia, para a natureza do Sul global. Ao mesmo tempo, a exploração do ser humano pelo ser humano fica ligada à disposição (desigual) sobre o trabalho da natureza.

4.4. Inversão ou a fonte geradora do valor do capital do Norte global

É um paradoxo que tanto o movimento ou o tecido das relações entre os seres vivos – sendo elas a fonte de sentido –, quanto o trabalho como produção de "valor de uso" (concreto), realizam se por meio do mesmo processo de transformação de energia, sendo esta última a célula processual. Quando no capitalismo, o valor de processos e relações se reduz ao valor de coisas, abstraído no dinheiro, se reduz a transformação de energia à produção de valor coisificado. Dentro de sociedades indígenas, como sempre acontece nas economias cujo caráter de reprodução permanece visível, o aspecto de trabalho que produz estruturas de energia potencial é geralmente subordinado e integrado aos processos geradores de sentido. No capitalismo esta subordinação está invertida: os processos relacionais de sentido estão subordinados à produção de coisas, e o trabalho, neste sentido, restrito, por sua vez, está subordinado ao capital, reduzindo-se à produção de valor objetivado (energia potencial).

Entre povos indígenas existem vários costumes de troca de produtos e serviços, como na Amazônia a *quinhapira* (comida de peixe em que uma família convida outras famílias da comunidade) (Rezende 2010, pp. 11ss), o *dabukuri* (festa entre diferentes comunidades em que um dos grupos entrega certos produtos como alimentos ou do artesanato como balaios) (Diakuru e Kisibi 2006, pp. 41ss), entre os Mapuche e nos Andes a *minga* (trabalho comunitário, como a construção de uma casa que se combina com festa no final [segundo as minhas entrevistas no Chile e na Bolívia, 2007, publicadas em Stosiek 2012]). Estes são exemplos que mostram que se trocam os trabalhos ou os frutos dos trabalhos de maneira que o aspecto do trabalho de produção de valor de uso fica subordinado aos processos e às relações sociais da comunidade [hoje, 2022, adiciono que só nesta dimensão social evolve o valor].

De forma parecida, Darcy Ribeiro relata, como exemplo mais elaborado de comércio entre indígenas, um costume de troca de produtos que se realizava entre os diferentes povos do Xingu. Eles fizeram "uma tabela de valores relativos dos vários artigos, de modo a regulamentar as trocas. Mesmo assim, o "escambo" se faz em reuniões, periodicamente, organizadas para esse fim, durante as quais, ao lado das trocas, realizam jogos esportivos, tão impregnados da hostilidade guerreira [...]" (Ribeiro 1996, p. 387). Apesar do conflito implícito ou memorizado, o ato de comércio fica integrado em atos compartilhados e relações sociais das comunidades. E apesar da "tabela de valores" cabe suspeitar que o trabalho ainda não se reduziu ao seu resultado coisificado.

O *trabalho da natureza* também fica subordinado e integrado ao sentido das relações vivas com esta. Para os ribeirinhos do rio Tocantins, no Pará, escreve Lúcio Flávio Pinto (2011, pp. 163s), o rio significava por muitas gerações "sua rua, sua fonte de água, de alimento, de trabalho, de vida". Depois da construção da hidrelétrica Tucuruí, a população foi remanejada em novas cidades onde tinham "casas de alvenaria, ruas pavimentadas, água, luz e todos os serviços básicos, melhorias que não existiam na margem do rio." (ibidem) Mesmo assim, todos estes produtos nos quais se tinham transformado a realidade do rio (reduzido à transformação de energia, a produção de valor coisificado), não fizeram as pessoas tão felizes como o elemento mais importante que agora faltava: "o próprio rio" (ibidem).

Segundo Mikhail Bakhtin, a linguagem provém do diálogo e da alteridade social, mas os povos indígenas acrescentam a alteridade dos outros seres vivos. O poeta Mapuche Elicura Chihuailaf diz (no evento Caxiri na Cuia, maio 2013, UFSCar) que a palavra provém da emoção da escuta à natureza; um indígena Manchinery (da Amazonia) diz (durante um colóquio em junho 2013 na UFSCar em São Carlos) que os xamãs aprendem de animais, que em certos aspectos são mais elevados espiritualmente do que os seres humanos; e tanto ele como também um Umutina da UFSCar (e de maneira semelhante o antropólogo Pedro de Niemeyer Cesarino [2011, p. 150]) expressaram que a cultura humana vem da floresta. De forma parecida, o representante do povo dos Wajãpi, Seremete Wajãpi, expressou: "Se não houver mais árvores, diziam eles [nossos avôs], nós também seremos extintos!" (Wajãpi 2011, p. 32) Segundo tais depoimentos, as vozes especificamente humanas são constituídas em última instância pela alteridade da vida e de um tipo de *noosfera*, que existe além do ser humano na natureza (ainda que na perspectiva ocidental não exista noosfera fora do mundo humano). Devido à importância da relação entre ser humano e natureza, a utilização desta como produtor de valor de uso está subordinada à relação de sentido, ou seja, espiritual com a natureza.

Assim se torna inteligível que no mundo Tukano e Tuyuka no alto Rio Negro, apesar de que o *peixe* constitui um alimento, ou seja, valor de uso primordial, existem, ao mesmo tempo, relações de sentido íntimas entre ser humano e peixe. O ser humano se considera parente dos peixes, se fala de "Gente-Peixe" (Wai Masã), as narrativas narram sobre a origem do ser humano e da sabedoria por meio dos peixes, e da Cobra Grande (sendo esta última a origem dos peixes) (Cabalzar 2005, p. 67ss). Até a concepção de uma guerra entre gente-humana e gente-peixe por causa de seres humanos que matam e comem os peixes, indica uma relação de sentido com os animais: Segundo um Tuyuka, em um tipo de narrativa de crianças, os Wai Masã, os Gente-Peixe, reclamam, "se é assim, se somos uma só família, por que nos comem?" (ibidem, p. 69) Também existem outras narrativas, onde se conta sobre a relação entre ser humano e natureza, sobre o humano na natureza e a natureza no ser humano, sobre a reciprocidade e ressonância, até música, entre eles, como entre ser humano peixes, pássaros e outros animais (como em Moreira 2001, pp. 111-114).

Na mitologia se concebe como problema que as pessoas têm que matar seres da natureza como plantas e árvores para sobreviver. Esta percepção como *problema* traz consigo que na vida de povos indígenas se diminui a exploração da natureza, e se aspira a estabelecer e restabelecer uma relação de reciprocidade com esta.

No capitalismo, pelo contrário, inverte-se dita integração e subordinação do trabalho de produção ao sentido: tanto as relações sociais entre seres humanos, a comunidade, e toda a reprodução, quanto as relações sociais entre ser humano e os outros seres da natureza, são subordinadas ao *trabalho* de produção de coisas com valor de uso, e este trabalho é subordinado ao *capital.*

A partir do século XVI começou o colonialismo europeu em envergadura alta, e ao mesmo tempo se estabeleceu a troca de produtos de trabalho entre os continentes, se aumentou o uso de dinheiro e se fundou um sistema financeiro, de bancos e bolsas, muito complexo, como nas grandes cidades europeias Amsterdam, Antuérpia, Londres, Paris, Hamburgo, Estocolmo. Simultaneamente, com a exploração global da energia potencial dos seres vivos, se inaugurou a exploração da energia potencial de seres vivos do passado da Terra, os combustíveis fósseis, começando com a do carvão de hulha pela Inglaterra.

Numa relação social não alienada, se troca *atos* de trabalho, antes de *coisas.* A isto mesmo se refere Karl Marx quando escreve que numa relação realmente humana, do ser humano com outros seres humanos e com a natureza, se pode trocar o amor propriamente só com amor, a confiança com confiança etc. (Marx 1962, p. 636)[39].

Sendo que o trabalho vivo faz parte de todas as relações da vida, o que se explora, no estado da inversão, é em última instância a vida mesma. O Eu totalizante do capital, diz Juan José Bautista, "considera al otro sólo como competidor [então em termos da heterotrofia e sem considerar a relação social]. El hombre lobo del hombre se ha separado de la naturaleza para reducirla junto al otro yo a objetos, simples medios de producción [para reduzir os seus atos à mera produção de coisas para alimentar o capital]." (Bautista 1994, p. 94) O mundo de sentido e vida do ser humano e da natureza, na medida que se perde, se projeta ao *valor* abstrato da mercadoria e do dinheiro como capital. No capitalismo não apenas se dá *a personificação das coisas e a coisificação das pessoas* como Karl Marx disse (1988, p. 121), mas também *a naturalização das coisas*[40] *e a*

---

39 Em alemão: Setze den *Menschen* als *Menschen* und sein Verhältnis zur Welt als ein menschliches voraus, so kannst du Liebe nur gegen Liebe austauschen, Vertrauen nur gegen Vertrauen etc. [...] Jedes deiner Verhältnisse zum Menschen – und zu der Natur – muß eine *bestimmte*, dem Gegenstand deines Willens entsprechende *Äußerung* deines *wirklichen individuellen* Lebens sein.

40 Um exemplo famoso é o *mercado* que é apresentado como algo intocável, como se fosse um proceso de evolução, de auto-reprodução. Se faz invisível que se trata de um sistema que foi e sigue sendo *produzido*,

coisificação da natureza. Aqui se vislumbra uma dimensão dos "caprichos teológicos" (Marx 1998, p. 85)[41] da mercadoria que Marx ainda não conhecia.

Desde o começo da auto-organização da matéria até a vida avançada, como a do ser humano, o *eu* é capaz de perceber imediatamente apenas a si mesmo e percebe o *tu*, o *outro* – apesar de que este o constitui – só por meio da comunicação, da escuta, da ressonância.

Dominação acontece quando o *eu* se torna *totalidade* e torna o outro *exterioridade* ("fora"), o produz como não-existente (Boaventura de Sousa Santos), o faz invisível. O *eu* da totalidade se apresenta como se ele constituísse a si mesmo.

Libertação começa quando a exterioridade se faz visível e audível, quando surge novamente a possibilidade de ressonância.

Enrique Dussel realizou uma nova leitura da obra de Karl Marx que é de grande importância para o Sul do mundo como América Latina (Dussel 1988). Segundo ele, a categoria central para entender Marx é a *exterioridade* e não a *totalidade*. Trata-se da exterioridade do *trabalho vivo*

---

enquanto se faz *invisível* o trabalho vivo detrás, contudo *visível* a utilidade objetiva.
41 Em alemão: theologische Mucken.

do ser humano concreto, corporal, uma realidade que não existe desde a perspectiva do capital, apesar de que este "Não-ser" o constitui. Argumenta que o trabalho vivo, que segundo Marx em parte é transformado em trabalho morto, produz a mais-valia e, portanto, o capital. Diz que em dimensão mundial, o capital respectivamente mais forte quer competir com o capital mais fraco; o capital mais fraco procura se proteger, mas o capital mais forte tende a forçar o capital mais fraco a competir. O que acontece na competição é a *transferência da mais-valia do Sul para o Norte* (Sul e Norte entendidos como cifras sociais). Este processo da transferência é a essência da dependência. Conforme este raciocínio, o trabalho vivo do Sul social é a fonte geradora do capital do Norte social. O "não-Ser" (trabalho vivo) constitui o "Ser" (capital). Assim argumenta Enrique Dussel.

Podemos ilustrar o que este processo – que inclui a inversão da economia de reprodução a uma economia supostamente de produção de coisas – significa para os povos indígenas, com um trecho de um livro do antropólogo Darcy Ribeiro: "A transição da economia tribal para a nacional [...] É a passagem da vida cooperativa da aldeia, toda voltada para a criação de condições de sobrevivência

117

do grupo, para a economia do barracão, orientada para produzir lucros em função de necessidades alheias e com o desgaste da força de trabalho que consegue aliciar. Isto equivale não só à degradação da unidade tribal, ao engajamento de seus membros na massa de dependentes da empresa, mas também na sua consumição como uma espécie de combustível humano usado no mecanismo empresarial." (Ribeiro 1996, p. 386) O "não-Ser" da vida cooperativa e comunitária da comunidade que se transformou em mero "combustível humano", ou seja, no processo coisificado de transformação de energia, produz o "Ser" do capital. Mas nem Dussel, nem Ribeiro se dão conta de que a origem da qualidade de "combustível", de energia potencial, vai além do ser humano.

Falta ampliar a noção do trabalho vivo e acrescentar a exterioridade da natureza. Como destaca Juan José Bautista: "En la comunidad aymara, no sólo el 'tú' y la comunidad tienen rango o estatuto de sujeto, sino también la naturaleza." (Bautista 1994, p. 91) Trata-se também do trabalho vivo da natureza, ou melhor dito, do complexo da relação entre ser humano e natureza. A *natureza do Sul*, cheia de sentidos sociais, é feita "não-Ser" e construída como não-existente, invisível para a perspectiva do Norte. O que acontece quando se transforma uma parte da floresta amazônica, onde moram povos indígenas, em um campo de soja[42], em que os indígenas são transformados em trabalhadores do campo (como escravos ou "mão-de-obra" assalariada)?

Acontece que a atividade da *terra* que era um universo de relações, de vida, de sentido (a *Pachamama* dos povos andinos, a *Mapu* dos Mapuche), é transformada em uma máquina de trabalho coisificado, em "combustível", em produção de 'valor', de 'energia potencial', de mais-valia que constitui o capital. *É o trabalho da natureza junto com o ser humano que produzem a mais-valia que é transferida do Sul para o Norte.* Isto mostra que a fonte geradora do valor do capital e daí da riqueza do Norte não é somente o trabalho humano, como Enrique Dussel diz com base em Karl Marx, mas o conjunto inteiro dos processos vivos da natureza e do ser humano, a sua reprodução subjugada, sobretudo do Sul global.

---

42 "Há, também, a visão daqueles que veem a Amazônia como futuro celeiro da humanidade, e que, sinceramente, gostariam que ela fosse transformada em um contínuo de plantações e pastagens, [...] num território definitivamente incorporado à produção [...]", escreve Rodrigo Junqueira (2011, p. 165).

4.5. Subsunção formal e real do trabalho da natureza sob o capital

Subsunção significa subordinação e incorporação do trabalho pelo capital (ou, para falar de maneira mais genérica, pela riqueza material, pelo produto generalizado do trabalho), de modo que o trabalho vivo apareça como mera função do capital, como se não fosse o trabalho o que produz o valor. Surge a aparência, como se o capital fosse o sujeito da conservação e do aumento do valor e como se o capital somente se servisse do trabalho. Em consequência, o capital aparece como sujeito, e o sujeito do trabalho aparece como não-sujeito.

Até aqui me baseio na análise de Karl Marx (1988, pp. 91-121), entretanto, acrescento que o que vale para o trabalho humano, vale de maneira parecida também para o trabalho da natureza (Stosiek 2014).

Subsunção formal significa que o capital se apodera do resultado de um processo de trabalho, sem alterar a qualidade do mesmo trabalho. Pode se tratar de um trabalho artesanal. No caso da natureza, pode se tratar, por exemplo, de extrair madeira nobre de uma floresta natural ou de pescar em alto mar. Se efetua a subsunção formal do trabalho da natureza por meio da propriedade privada da terra, ou no caso do mar por direitos de utilização.

Subsunção real, por sua vez, significa que se apodera do processo total do trabalho e o controla. No que diz respeito ao trabalho humano, se trata da fábrica, onde se revoluciona o modo de produzir por meio das máquinas, da ciência etc. E tocante à natureza, se trata da monocultura, da indústria florestal, do cultivo industrial de animais etc., muitas vezes, junto com processos de industrialização, uso de produtos químicos, manipulação genética.

Todas as formas de subsunção acontecem por meio da propriedade ou outros gêneros de poder sobre a *força de trabalho* do ser humano e a natureza, ou seja, a sua energia potencial que se transforma na energia cinética do trabalho mesmo.

Na subsunção formal do trabalho humano, o trabalho próprio *aparece* aos trabalhadores no produto como defronte a eles, como alheio. E no caso da subsunção real, o seu trabalho lhes aparece já no processo e na maquinária como defronte a eles. O próprio aparece como alheio. Mas o que acontece com a natureza na subsunção? Aqui se coisifica não o Eu mas o Tu, ou seja o Tu-Nós[43]. O *trabalho da natureza* que pode ser vivenciada em ressonância, perde a sua visibilidade consoante do Tu da natureza e aparece no produto do trabalho (no caso da subsunção formal) ou na maquinaria trabalhadora da natureza aparelhada e ferida na monocultura, no cultivo industrial de animais, etc. (no caso da subsunção real). A natureza aparece como não-sujeito, e tanto a maquinaria quanto o produto em contrapartida aparecem dotados com as propriedades de sujeito. Finalmente o Tu ou seja a alteridade no Tu-Nós da natureza se defronta conosco como algo alheio.

É evidente que na realidade a subsunção do trabalho humano e a subsunção do trabalho da natureza são interligadas mutuamente. Como o trabalhador *subsumido* aos meios de produção aparece a natureza como mera função da maquinaria.

O trabalho humano e o trabalho da natureza, a humanidade e a qualidade de ser viva, aparecem agora como propriedades do capital; e não somente acontece uma personificação das coisas e uma coisificação das personas,

---

43 A síntese *Nós* pode ser pensada, como se faz na língua náuatle, como plural de *Tu*.

como diz Karl Marx, mas também a naturalização das coisas e a coisificação da natureza.

4.6. A inversão do desejo humano e a inversão da economia

Jung Mo Sung destaca que uma tarefa da teologia é discernir se a economia serve ao Reino de Deus, a saber à vida, ou ao ídolo e à morte (Sung 1989, p. 47 e outras páginas). Se a economia, sendo ela uma contínua transformação de processos em coisas e de coisas em processos, em que as coisas são propriamente funções dos processos, serve à vida, então obedece ao *princípio material* normativo, o que Enrique Dussel tematiza como princípio ético material, que significa a afirmação e a preservação da vida, sobretudo a dos oprimidos e excluídos (Dussel 2006, tesis 9 e 13). Este princípio segue não somente como resultado possível do discurso, reduzindo-se a filosofia do discurso a princípios *formais*, como diria Habermas (1992), mas surge como princípio *material* desde a *exterioridade* do povo, da periferia, do lugar fora do centro e do sistema (Dussel 2007, p. 335-356), sendo que as relações da economia são relações sociais, como Dussel enfatiza referente à relação entre o Sul e o Norte global (Dussel 1988).

Segundo a *Ética a Nicômaco* de Aristóteles, o objetivo (télos [τέλος]) mais alto da existência era o atuar (enérgeia [ἐνέργεια]), sobretudo o atuar da alma, da psíque (ψυχή), o atuar como virtude (ἀρετή). Se atua de maneira justa porque é belo atuar assim; atuar e viver segundo a virtude, ou segundo o bem (to agathón [τὸ ἀγαθόν]), a justiça é, finalmente, a felicidade máxima (eudaimonía [εὐδαιμονία]). – Isto poderia ser, como sugere o exemplo de atuar justo, a base de uma economia, na qual cada ato, visto como processo, não só servisse à alguém, a um bem ou um resultado, mas ao mesmo tempo fosse um fim em si, onde cada ação fosse não só trabalho com um fim fora de si, mas ao mesmo tempo um ato de vida com a finalidade em si, ou seja, onde a relação social, o relacionamento, a interligação com os outros não significasse servidão e cativeiro, mas se encontrasse em harmonia com a própria vida. Mas Aristóteles defende uma hierarquia na sociedade e dentro no próprio corpo/alma, segundo a qual só o atuar mais elevado é o ato com o fim em si, e os outros atos têm o fim fora de si. – Na economia da atualidade, porém, desvanecese inclusive aquele fim, não parece existir nenhuma finalidade ou objetivo. Se produz cada vez mais riqueza material, e esta parece servir a outra riqueza material, como se as coisas mesmas tivessem o fim em si.

Mas isto é uma armadilha. Enquanto seres humanos vivem e a economia existe, ela pode só consistir em reproduzir a vida social, a comunidade respectiva, a humanidade. Se se especializa virtualmente a produzir ou aumentar *coisas* ou a abstração de coisas em forma de dinheiro e capital, se trata de uma inversão, uma contradição em si que não pode sobreviver mais que a vida mesma, isto é, a economia só pode sobreviver enquanto a humanidade sobreviver. E esta só pode sobreviver enquanto ela sobreviver em relação com a biosfera que também sobreviver. A reprodução da vida é a *essência* da economia.

Surge a questão do porquê e como aconteceu tal inversão do capitalismo e da idolatria.

Neste ponto vou resumir algumas orientações referente aos objetivos da economia segundo diferentes escolas e autores, para elaborar uma própria ideia sobre o que deveria ser o objetivo.

A *economia política da clássica* se orienta, como condensa Franz Hinkelammert (1987, pp. 4ss), na *reprodução dos fatores da produção*, então ela examina o que é necessário para manter estes últimos. Se trata, sobretudo, da reprodução da força de trabalho humana e do aparato de produção. Na minha interpretação, no final das contas, o ponto de partida e o objetivo motivante da economia clássica são o *produto* do trabalho da sociedade, sendo este uma estrutura de energia potencial; e esta economia política se debruça sobre a questão, como a reprodução do *produto* (produto generalizado: a quantidade de todos os produtos e riquezas da sociedade) pode ser assegurada; e por este mesmo motivo a economia clássica emprega o mantimento dos fatores da produção como a força de trabalho humana e o aparato de produção.

A *economia neoclássica* se norteia, assim Hinkelammert e Jiménez resumem (ibidem, p. 6; Hinkelammert e Jiménez 2014, p. 42[44]), pela *alocação (atribuição) melhor dos recursos escassos que for possível*, mas pretende não especificar uma orientação das relações econômicas em envergadura maior, e por isso *não* se denomina a si mesma de economia *política*. Mas ainda que a alocação e aplicação ótima dos recursos contemple só os atores individuais, este

---

[44] Segundo os autores (p. 42), o princípio da economia neoclássica é a "asignación (óptima) de los recursos escasos".

ponto de vista é sempre a perspectiva do *produto* e do *dilema de energia*. Um recurso, sendo este uma quantidade de energia potencial gastável, está aplicado de maneira excelente, exatamente quando o seu trabalho gera – na vista do sujeito que o aplica – um aumento máximo possível da quantidade de energia potencial.

Para *Karl Marx* pelo contrário, como salienta Hinkelammert (1987, p. 5), o problema da economia política é a *reprodução do ser humano vivo*, e tudo o mais fica subordinado a isto. Em outras (minhas) palavras, o trabalho vivo, então a vida que é ao mesmo tempo trabalho e o trabalho que é ao mesmo tempo vida, constituem o ponto de partida e o objetivo de todas as pesquisas de Marx. Para a reprodução do ser humano é também necessário manter, conservar, cuidar da natureza, mas esta é na explicação de Hinkelkammert só um *meio para um fim*, não finalidade em si (ibidem, p. 8[45]).

Este último ponto precisa de uma revisão. A natureza viva como sujeito é também um fim em si. A essência do ser humano por sua vez, ou a unidade sintética basal dele, é o conjunto das relações sociais entre os humanos junto com a

---

[45] "El medio ambiente no es un fin en sí, sino la mediación material imprescindible de la reproducción de la vida humana en sus términos materiales."

relação entre ser humano e natureza, sendo a natureza ao mesmo tempo uma *alteridade* e por conseguinte a comunhão entre ser humano e natureza um *Tu-Nós*.[46] Por isso, o ponto de partida e o objetivo motivante da economia política tem que ser a *reprodução da relação entre ser humano e natureza*, ou seja do ser humano *e* da natureza, em que o ser humano se encontra numa relação dialética com a natureza viva.

Neste sentido suponho que apesar da distinção entre 'economia de produção' e 'economia de reprodução', feita nas ciências do gênero, propriamente toda economia é economia de reprodução da vida em envergadura social, em que os produtos, as coisas, desempenham meramente um papel intermediário.

A orientação unilateral por uma economia de produção está ligada a uma inversão profunda dos afetos, ou seja, da consciência e dos desejos humanos. A *inversão dos desejos* é tão antiga, como o próprio ser humano, assim podemos supor, com a disposição e *dominação sobre o trabalho alheio*, tanto da natureza quanto do ser humano por meio

---

[46] Como na língua náuatle a palavra "nós" é, por assim dizer, plural de "tu".

de ferramentas, ou seja, *meios de trabalho*. Os meios de trabalho *simples* dispõem (analogamente à subsunção formal) meramente sobre os *produtos* de trabalho alheio. Podemos citar as armas de longa distância, como o dardo e o arco e flecha, e também a vara de pescar. Na caça, na pesca e na guerra, o ser humano faz uma atividade própria, trabalho, mas por meio do seu trabalho e com ajuda dos meios de trabalho rouba os produtos de trabalho alheio, da natureza no caso da caça e da pesca, e de seres humanos de outras comunidades no caso da guerra. Os meios de trabalho *mais elevados*, porém, são os *meios de produção* no próprio sentido da palavra e dispõem (analogamente à subsunção real) do processo inteiro do trabalho alheio. Na agricultura altamente elaborada dos impérios antigos, uma classe de seres humanos dispunha do trabalho da natureza com o auxílio de meios de produção para o cultivo da terra, forçando pessoas de outra classe social a trabalhar e utilizar os meios de produção.

A caça e a guerra são, possivelmente, as primeiras atividades do ser humano que causaram a alguns sujeitos um deslumbramento pela enorme quantidade de energia potencial (o animal ou ser humano morto, o despojo) que se obtinha por meio de um gasto de energia relativamente pequeno. Mas a comunidade inteira tendia a venerar os heróis da caça e da guerra porque queria participar daquele acréscimo de poder.

Todos estes processos aumentaram enormemente com o surgimento da agricultura. Isto pode ter sido o começo da tendência de alguns sujeitos de quererem possuir coisas como fim em si. Tais sujeitos, provavelmente homens, começaram a explorar a economia de reprodução na sua totalidade. Isto inclui o trabalho da natureza, a saber o da biosfera e geosfera, e a economia humana que é uma economia de reprodução e do sentido social. Num determinado momento histórico, quando alguém – uma pessoa ou um grupo – dispôs de uma quantidade maior dos produtos do trabalho da natureza, se tornou também possível para ele apropriar-se de uma quantidade relativamente grande de produtos de trabalho, gastando relativamente pouco trabalho próprio, então sem esgotar muita vida vivida própria para alcançar tal objetivo. Mas isto só foi possível, se junto com o trabalho da natureza se começou a explorar também a totalidade do trabalho humano, isto é, do trabalho de reprodução e de sentido social, da espécie de amor e carinho. Isto deve ter sido o começo não só da exploração da natureza em sua totalidade, da sua coisificação e redução a uma mera produtora de coisas, mas também o começo da dominação dos homens sobre as mulheres. Os homens se especializaram cada vez mais a produzir *coisas* para enriquecer alguns poucos, e se deixou o trabalho da reprodução da vida, inclusive o amor, o carinho, o cuidado das crianças etc., às mulheres. Os homens começaram a desvalorizar o trabalho de reprodução da vida, deixado este às mulheres, e ao mesmo tempo tomar os *resultados* deste trabalho como grátis e natural. Isto significa explorar totalmente o trabalho da reprodução, deixando-lo às mulheres, de igual maneira como se tinha começado a explorar o trabalho da natureza que, por sua vez, é um trabalho de reprodução. Se começou fazer e continua fazendo invisível até hoje em dia, que todo trabalho humano sem exceção é trabalho da reprodução da humanidade em relação com a natureza, e que o trabalho de produção de coisas só é possível junto com o trabalho da natureza e junto com o trabalho desvalorizado de reprodução e deixado às mulheres. Também se faz invisível que na essência, a economia humana é uma expressão de sentido social, de cuidado mútuo, de carinho e amor.

A produção de coisas serve à reprodução social da comunidade. Quando se toma as coisas ou a abstração das coisas, isto é o dinheiro (como capital), como fim em si, se *inverte* a economia, e em tal inversão *parece* como se a economia já não fosse uma função da reprodução. Quando acontece a *subsunção formal* do trabalho baixo o capital, este trabalho ainda conserva a *forma* da reprodução, mas quando acontece a *subsunção real*, se perde tal forma, e o trabalho já não parece ser trabalho de reprodução. A subsunção real do trabalho humano acontece hoje em dia por exemplo numa fábrica; a subsunção real do trabalho da natureza acontece na monocultura. Nestes dois casos sucede a *inversão*, e o trabalho se relaciona aparentemente só à produção de coisas e da abstração das coisas, o dinheiro tomado como capital[47]. Porém, o trabalho da reprodução no sentido estreito das mulheres e famílias nunca pode acontecer totalmente na condição de subsunção real, porque sempre guardará visivelmente a qualidade de reprodução sem a qual seria impossível se

---

[47] Segundo Karl Marx (1998, 161ff), o dinheiro se torna capital no momento quando já não se usa para trocar produtos segundo o seu valor mas se considera como fim em si e usa o restante da economia, ou seja os atos de vender e comprar, para aumentar a quantidade de dinheiro. Isto se revelará possível so por meio do trabalho explorado, e eu estou mostrando que isto requer necessáriamente da exploração do trabalho da natureza.

realizar. Apesar de ser explorado, este trabalho guarda as qualidades de amor e carinho, que não podem desaparecer inteiramente. O trabalho propriamente capitalista, porém, historicamente quase sempre de homens, adota a aparência como se não fosse trabalho de reprodução.

Qual alteração dos afetos, desejos e emoções acompanha e possibilita tal inversão? Qual orientação de afetos busca a exploração e prefere o *ter* coisas a *viver* a vida em processos e em relação social com outros? Agora precisamos mostrar a *coesão*, a *ligação*, o *relacionamento* entre a transformação de energia, sendo ela a base também da economia, por um lado, e a área dos afetos, da consciência, das emoções e do sentido social pelo outro lado, para assim compreender melhor de que natureza são a *contradição* e a *separação* entre estes elementos.

René Girard (idem 1990; Assmann 1996) tematizou o *desejo mimético* como base da violência entre seres humanos que potencialmente conduz a espirais sem fim de vingança de morte. O desejo mimético que se refere a objetos conduz a conflitos, porque mais de uma pessoa deseja ou cobiça o mesmo objeto. Segundo René Girard, a instituição do *sacrifício* tinha historicamente a tarefa de amansar,

133

dominar, reduzir a violência onipresente que resulta do desejo mimético, e que só o direito moderno substituiu e com isso superou o sacrifício.

Segundo Jung Mo Sung (Sung 1998), o desejo mimético é também a base do mercado capitalista ou mais geralmente da modernidade. Se trata do "desejo mimético de consumo, ou, em termos de René Girard, desejo mimético de apropriação. Este tipo de desejo mimético está no centro da própria modernidade na qual vivemos. A modernidade se caracteriza pelo mito de progresso [...]" (53). O desejo mimético faz com que uma maioria da população *imite* a elite, em outras palavras, aspire a ter as coisas que ela tem, assim que "a chave deste progresso tecnológico está no desejo mimético" (54). Assim, o sistema inteiro da economia de hoje se baseia no desejo mimético (54-66). Incluso Fr.v.Hayek, ideólogo do neoliberalismo, admite, como Sung destaca, que as pessoas das camadas mais atrasadas no desenvolvimento econômico desejam e aspiram ter as coisas que os indivíduos das camadas mais avançadas têm. Apesar que segundo René Girard o sistema jurídico substituiu o sacrifício (64), hoje em dia, como diz Sung, se realiza o sacrifício em outro lugar: os pobres e a satisfação das suas necessidades (básicas) são sacrificados (54-66).

Depois de citar estes autores, Girard, Sung e também Hayek, posso especificar a pergunta pelos afetos: por quê parece que o *desejo* humano se refere só a coisas? Para responder esta pergunta, temos que investigar o que é o desejo e como o desejo humano se relaciona com os afetos básicos.

Neste ponto repito, brevemente, a teoria dos afetos básicos de Baruch Espinoza, para depois tematizar alguns aspectos essenciais dos afetos especificamente humanos. Espinoza explica os afetos básicos desde o *conatus*, a aspiração de cada coisa (qualquer objeto ou sujeito) de permanecer no ser, na existência (Spinoza 2007, p. 240, Teorema 8): o conatus é a aspiração com a qual cada coisa (ou contexto) aspira a permanecer no seu ser. *Conatus, quo unaquaeque res in suo esse perseverare conatur*. Quando o conatus se refere ao corpo e à mente ao mesmo tempo, se denomina de *appetitus* (inclinação/impulso). No que se refere à consciência do appetitus, se trata da *cupiditas* (desejo/cobiço). A cupiditas é o appetitus sob o aspecto que se está consciente dele. Os três afetos básicos segundo Espinoza são a já dita cupiditas, além disso a *laetitia* (alegria) e a *tristitia* (tristeza). A laetitia acompanha o sucesso de permanecer no ser, o aumento do poder de atuar (potentia agendi) e de pensar (mentis nostri cogitandi potentia); e a tristitia acompanha o insucesso ou o sucesso diminuído do permanecer no ser e a diminuição do poder de atuar e de pensar (ibidem, p. 243, teorema 11; p. 245).

Podemos compreender os afetos especificamente *humanos* como uma diferenciação ou um desenvolvimento com a sua própria complexidade que mesmo assim faz parte dos afetos que valem para a natureza inteira. Vou tematizando em particular a *necessidade* e o *desejo*. O que é a *necessidade*? O sociólogo peruano *Fernando Vidal* desenvolve no texto "Exclusión social, modernidad y reconciliación" (Vidal 2008) uma teoria das *necessidades* que abarca dialeticamente uma área desde o mais rudimentar até o mais complexo. A necessidade inclui tanto os aspectos da atividade humana, do trabalho, dos atos, então o *ser*, ou seja, viver como processo, quanto os aspectos de *ter*, em que ter se refere não só aos produtos para a vida diária, mas também aos direitos e contatos sociais. Sempre a necessidade se refere à totalidade da vida natural, cultural e social e ao sentido.

Para colocar a *necessidade* em relação com as categorias de Espinoza, constata-se que ela é o *appetitus* específico do ser humano. Se trata do *conatus*, da aspiração do ser humano, de permanecer no seu ser em todos os aspectos da vida humana, referindo-se ao corpo e à mente ao mesmo tempo, corpo e mente entendidos nos sentidos tanto individual quanto social.

Mas o que é o *desejo*? O desejo é a *cupiditas* específica do ser humano. *O desejo é então a necessidade sob o aspecto que se está consciente desta.*

Podemos associar tal compreensão ampla do desejo humano com a obra de Paulo Freire. Ele fala dos *oprimidos* ao invés dos *pobres*, em que a opressão se refere à totalidade da práxis humana e não meramente às necessidades básicas referente ao "ter" o básico para poder viver. A contradição entre opressão e libertação concerne em primeiro lugar o aspecto de "ser menos" ou "ser mais". Parece adequado concluir que "ser mais" é a chave para entender a necessidade humana (appetitus) e o desejo humano (cupiditas). O ato de se limitar ao aspecto do "ter" corresponde à inversão profunda do desejo, à consciência corrompida (sendo o desejo a necessidade sob o aspecto da consciência desta). Como diz Paulo Freire, a luta pela humanização "não se justifica apenas em que passem a ter liberdade para comer, mas 'liberdade para criar e construir, para admirar e aventurar-se'. Tal liberdade requer que o indivíduo seja ativo e responsável, não um escravo, nem uma peça bem-alimentada da máquina." (Freire 2017, p. 76)

Hugo Assmann (1990) e Jung Mo Sung (1998) distinguem entre *necessidade* (o que se precisa para viver) e *desejo* (entendido como preferência arbitrária de sujeitos no mercado), e Jung Mo Sung me parece fazer uma separação dicotômica entre *necessidade* e *desejo* (ibidem). Eles criticam a aplicação do desejo no mercado, mas eles pensam no desejo já na sua forma alienada, sem desvelar a alienação do desejo humano.

Bronislaw Malinowski relacionou uma observação interessante com uma interpretação equivocada referente aos atos de dar e receber presentes dentro do grande sistema do *Kula* entre os indígenas das ilhas Trobriand, perto da Nova Guiné. Ele destaca que para eles "possuir é dar", que eles com o mesmo empenho com o qual aspiram a obter objetos valiosos, também almejam dar estes objetos como presentes. Malinowski interpreta a tendência de adquirir objetos como "desejo natural pela posse" e atribui a práxis oposta, a de dar, ao seu código social: "Muito embora o nativo do *Kula*, como qualquer outro ser humano, tenha paixão pela posse, deseje manter consigo todos os seus bens e tema perdê-los, o código social das leis que regulam o dar e receber suplanta sua tendência aquisitiva natural" (Malinowski 1976, p. 81). Mas tanto a minha análise, quanto a observação feita por Malinowski sugerem outra interpretação: o desejo contém as duas possibilidades, ou seja, os dois lados, o adquirir e o dar, o ato de estabelecer uma estrutura de energia potencial e a atividade de gastar esta energia, transformando-a em energia cinética – dentro de uma relação social mútua que cria ressonância e sentido.

Se o desejo é a necessidade mesma sob o aspecto da consciência dela, a questão tem que ser dirigida à cultura *ocidental*, a saber a pergunta por quê o desejo, sendo ele o afeto básico humano e fonte da alegria e da tristeza, se transformou e reduziu a um desejo limitadamente dirigido a meros objetos, a produtos de trabalho a serem apropriados e consumidos. Deve de ter acontecido uma inversão profunda dos afetos humanos.

Um sistema dissipativo e igualmente cada ser vivo, cada ser humano ou também cada sistema vivo, como um grupo social, etc., se caracteriza por duas aspirações mutuamente opostas e ao mesmo tempo complementares, por um lado o empenho de gastar a própria energia, a própria vida, isto é, transformar a energia potencial (com entropia reduzida, de alta complexidade) em energia cinética, a saber em energia de movimentos, acontecendo estes de maneira altamente complexos, em que pelo gasto parcialmente a entropia aumenta. Por outro lado – e ao mesmo tempo – o sistema/o ser vivo se esforça por meio dos mesmos movimentos e em interação com a sua exterioridade, o seu entorno, de *reproduzir as condições* do próprio processo de transformação de energia, isto é, da própria existência como sistema espaço-temporal. O primeiro aspecto da atividade, o de gastar, esgotar energia (*energia cinética*), pode ser visto como fim em si, e se abre à ressonância com oscilações de outros sistemas e com oscilações com outros níveis de desenvolvimento dentro de si. O segundo aspecto da atividade, o da reprodução da *energia potencial*, ou seja, das condições para a continuação do processo de transformação de energia, do processo do gastar, se relaciona ao futuro e tende a aumentar e conservar a energia potencial. Isto pode se realizar apenas por meio da interação com a exterioridade, com o ambiente. Por exemplo, no caso dos animais, os atos de alimentar-se e do respirar se referem aos dois aspectos da atividade, ao gastar e à reprodução das condições para poder continuar gastando energia. O primeiro aspecto da atividade aspira gastar muita energia, o que é o processo de vida, e o segundo aspecto tende ao *dilema de energia* no qual se trata da necessidade de gastar pouca e ganhar muita energia potencial. O primeiro aspecto da atividade se abre a *ressonâncias* com outras oscilações e por isso a uma relação sujeito-sujeito com outros. O segundo aspecto da atividade, empregando o dilema de energia, tende à *heterotrofia* e a uma relação sujeito-objeto com outros e com a sua exterioridade, também com partes do próprio corpo e processo vivo mesmo.

Se um ser vivo gasta muita energia, morrerá porque perderá as condições, isto é o acesso à energia potencial, para poder continuar gastando energia. Caso que se gasta de menos, já estará (quase) morto porque viver é gastar. Um aspecto quer gastar, o outro quer poupar. Deve de existir uma regulação auto-organizada em todo ser vivo que balanceia entre as duas aspirações.[48] Ao longo prazo se realiza um equilíbrio-fluxo de *negentropia* (Jantzen 2015, p. 20, 24s)[49].

Também o trabalho específico do ser humano, onde a transformação de energia se socializou há milhares de anos e se globalizou recentemente, contém os dois aspectos de atividade, o que influi tanto as relações sociais com outros seres humanos quanto as relações (sociais) com a natureza. Tanto no que diz respeito a todos os seres vivos, quanto referente ao ser humano e a sua economia, é de supor que os afetos básicos se referem aos *dois* aspectos da atividade, a saber não só à recuperação das condições, da energia potencial para poder continuar existir, mas também ao gastar mesmo da vida e do trabalho. A diminuição de cada um dos dois gerará o afeto da tristeza, e o aumento de cada um dos dois causará alegria, em que o aspecto da

---

[48] Isto poderia ser explicado com o conceito do *duplo fechamento* (doppelte Schließung) o que significa que um organismo realiza pelo menos duas distinções, a entre corpo e ambiente, e a entre corpo e o psíquico. Wolfgang Jantzen (se referindo a Heinz von Foerster): Jantzen 2015, p. 23s, 35s.

[49] O autor, referindo-se a Nikolai Bernstein, tematiza a aspiração por negentropia (estado relativamente estável com entropia reduzida) máxima possível como aspecto do *conatus*.

reprodução das condições se referirá de maneira *mediada* aos afetos, mas o processo do gastar *imediatamente*.

Se, como Fernando Vidal diz, a *necessidade* humana se refere tanto ao *ser* (viver como processo, trabalho vivo: energia cinética) quanto ao *ter* (produtos básicos, direitos, contatos sociais: energia potencial), o mesmo tem que ser válido para o *desejo* humano, sendo este a necessidade sob o aspecto da consciência dele. E a alegria e a tristeza humana devem de estar ligadas a estes dois aspectos do desejo humano.

Algo analógico pode aplicar-se para a área mais complexa das *emoções*. As emoções, sendo elas "processos multi-oscilatórios no presente-fluente" (ibidem, p. 9 [prefácio]), intermediam no aspecto psíquico entre os estados vivenciais respectivos do sujeito e a lida com novidades, entre os níveis do fechamento do sistema vivo (fechamento operacional entre corpo e ambiente, e entre o psíquico e o corpo ["duplo fechamento"]), entre o presente imediato e o futuro esperado recorrendo à memória, tal como entre funções e centros de níveis diferentes – dos mais rudimentares até os mais ideais e complexos – no organismo[50]. Sendo as emoções ressonâncias, acoplamentos estruturais espaço-temporais entre oscilações, elas formam estruturas ligadas tanto dentro do organismo quanto entre os seres vivos, ultrapassando os limites do próprio sistema.

É de supor que as emoções, de tal qualidade, acontecerão em primeiro lugar e imediatamente na área da relação sujeito-sujeito e no aspecto da atividade referente ao processo de gastar a vida/trabalho/energia e só em segundo lugar e de maneira mediada na área da relação sujeito-objeto e referente ao aspecto da atividade que se empenha a recuperar as condições (a estrutura de energia potencial, de entropia reduzida) para poder continuar a transformação de energia no processo de a gastar.

Por isso, pensando na realidade do ser humano, as emoções, também na sua dimensão social, e da mesma maneira o "conatus social", a saber os afetos contanto que se referem à comunidade, e com isto o *sentido social*, se poderão desdobrar e realizar só se a atividade do processo de vida for considerada não somente tocante à recuperação das condições necessárias para poder viver e gastar a vida e o trabalho, mas também ao gastar mesmo.

---

[50] Ibidem. W.Jantzen se refere entre outros autores a Vygotsky.

P.V.Simonov (1986, p. 21) propõe ilustrar o que é a emoção por meio de uma fórmula em que a emoção é função da necessidade (need), da informação sobre os meios presumívelmente necessários para satisfazer a necessidade (means predictably necessary for satisfying the need), a informação sobre os meios já disponíveis no momento dado (information on means that the subject has available to him at the given moment), e outros fatores.

Esta fórmula Simonoviana da emoção considera, porém, um horizonte limitado, quer dizer, contempla meramente o aspecto da atividade que se refere ao *dilema de energia*, em que tanto a necessidade quanto a informação sobre os meios, se referem ao empenho de adquirir uma quantidade máxima possível de energia potencial por meio do gasto de uma quantidade mínima de energia. A necessidade representa aqui a falta de energia potencial, e a informação sobre os meios necessários e os meios já disponíveis, se refere ao processo de gastar energia que for necessário para finalmente aumentar a posse de energia potencial. Mas se a emoção é uma aplicação complexa dos afetos, e se se trata de "processos multi-oscilatórias no presente-fluente", devem referir-se em primeiro lugar ao processo do gastar, mesmo sendo este o acontecimento imediato da vida.

No decorrer da história humana, começando com a caça e a guerra, ampliando com a agricultura altamente elaborada etc., quando alguns grupos de seres humanos aumentaram consideravelmente o seu poder sobre o trabalho da natureza, tornou-se possível se apoderar de uma quantidade relativamente grande de produtos de trabalho por meio de uma quantidade relativamente pequena do gasto do próprio trabalho. Nesta condição tornou-se possível (ainda que não necessário), que um sujeito tenha vinculado o seu *desejo*, ou seja a *consciência* da sua necessidade, unilateralmente à aquisição de estruturas de energia potencial, de produtos de trabalho vivo, e ao mesmo tempo deixou e oprimiu o desejo, a *consciência* da sua necessidade, relacionado ao ato de gastar mesmo. Se oprimiu uma parte da consciência. Isto deve ser a gênese do *recalcamento*. Se esqueceu e oprimiu a *libido* relacionada aos atos, aos processos e às relações sociais (com seres humanos e com a natureza) e transferiu esta libido às coisas adquiridas. Se constituiu o *fetiche*, o *ídolo*. Com tal orientação unilateral dos afetos e desejos, junto com a possibilidade histórica de adquirir estruturas de energia potencial, de produtos de trabalho alheio, em quantidade aumentada, começa a *exploração*. A exploração do ser humano pelo ser humano se torna possível com estas duas precondições, 1) a orientação unilateral do desejo para coisas, esquecendo e oprimindo o gastar de vida como processo, e 2) com a exploração do trabalho da natureza junto com o poder aumentado sobre ela. Tal consciência invertida referente à necessidade humana se dirige aos produtos de trabalho, aos meios de produção e à terra, e se inventa a propriedade privada. Com a propriedade privada e a exclusão da maioria dos seres humanos se pode explorar o seu trabalho. Só tal orientação invertida do desejo pode se vincular afetivamente e emocionalmente às coisas, à propriedade privada.

Com este processo histórico, todos os produtos de trabalho (e quanto mais os seus derivados, as duas abstrações, o que é o dinheiro, o capital, o capital financeiro) adquirem — além do seu valor de uso — o caráter de *fetiche*, de *idolo*, porque se projeta os desejos e as emoções meramente às coisas. Tanto as relações sociais, quanto o processo de vida, pelo menos o gastar de energia no trabalho, perdem a visibilidade da vida. E as coisas (mortas, porque já não detectadas como funções ou momentos dos processos) se transformam na percepção em seres sociais, em vida e em natureza.

Um ser humano que se vincula à *coisas*, um chamado "rico", pode se considerar feliz, mas – esquecendo e perdendo o gastar, o processo da vida, e perdendo as relações sociais – estará dominado profundamente pelo afeto da tristeza.

4.7. O reino da necessidade e o reino da liberdade

Sheila Robotham escreve na sua história do feminismo (Rowbotham 1974) que no pensamento marxista, pouco se elaborou o tema da exploração das *mulheres* e de uma transformação social necessária respectiva, comparado com a elaboração profunda correspondente do assunto tocante aos *trabalhadores* (ibidem, 60-62). Ela afirma que o estudo das *relações sociais da reprodução* será da mesma importância para compreender a situação e a consciência do ser humano como o estudo das *relações sociais da produção*, realizado por Marx e os seus sucessores (ibidem, 68, 70). Ao mesmo tempo, critica como Marx e Engels colocaram as relações sexuais numa área meramente privada, onde estas deveriam permanecer sem a interferência da sociedade (ibidem, 76).

Cada realização de uma atividade é ao mesmo tempo, tanto um processo de gastar vida ou trabalho vivo, movimento no presente, quanto reprodução da possibilidade e das condições de realizar e continuar este processo. Karl Marx, pelo menos segundo o terceiro livro do Capital[51], e seguindo ele neste ponto Enrique Dussel (2006, parágrafo 18.2), faz a distinção entre o *Reino da necessidade* e o *Reino da liberdade*, no qual o trabalho (desde a física: energia cinética, desde a inter-subjetividade: vida) se refere exclusivamente ao resultado da atividade (estrutura de energia potencial), e o reino da liberdade é o do desenvolvimento da força humana, sendo um fim em si, entretanto fazendo uma separação total no sentido que ainda não se pode abolir o reino da necessidade, mas meramente o reduzir e partilhar igualitariamente para aumentar a porcentagem do reino da liberdade, se equivocam profundamente. Trata-se de um único Reino. Desde a perspectiva da economia de reprodução que se

---

51 Marx, Engels: MEW 25, p. 828. Me parece pensar de maneira diferente nos Manuscritos Económico-Filosóficos onde destaca que vida é atividade (Tätigkeit) e que a atividade (Tätigkeit) está imediatamente ligada à relação social e com a natureza, incluso que a relação mais íntima, a entre mulher e homem, é de carater social.

deixava tradicionalmente para as mulheres, como desde a perspectiva da economia de reprodução de povos indígenas, e comparando com o trabalho da natureza, se precisará de outra visão. Para uma mãe, por exemplo, o problema se apresentará de maneira diferente. Como alternativa à opressão ou desvalorização dela e do seu trabalho educativo ou cuidadoso, suponho que não se dará o ideal de abolir tal trabalho, mais de humanizá-lo, ou seja, de procurar uma relação justa entre os gêneros. E então este trabalho poderá ser um ato de vida; o reino da necessidade será ao mesmo tempo o reino da liberdade. É verdade que um aspecto da atividade de trabalho se refere ao dilema de energia, e que neste aspecto é útil e necessário reduzir o esforço gasto. Mas no outro aspecto, o mesmo ato de gastar energia no trabalho é exatamente o processo da vida; neste sentido, o reino da necessidade mesmo é o reino da liberdade. Na situação de exploração e na redução à produção de "coisas", inclusive à produção de mão-de-obra (força de trabalho humana), se perde a liberdade. A libertação da exploração e da exclusão transformaria ou reconduziria o reino da necessidade ao reino da liberdade.

Para aproximar-se de uma economia que sirva ao Reino de Deus e não à idolatria, será indispensável descobrir que tanto o próprio trabalho quanto o trabalho alheio (humano) é um ato social, inclusive um ato de amor, e descobrir que todos os atos do reino da liberdade, do que se costuma atribuir ao tempo livre e à esfera privada, também as relações de amor, são sempre de caráter social e são parte da reprodução da comunidade.

Dentro da lógica da economia burguesa se costuma reduzir todos os *atos* humanos de trabalho ao aspecto de gastar energia (potencial) para adquirir novamente certa quantidade de energia (potencial), enquanto a vida se considera uma esfera fora do trabalho, uma esfera de consumir ou de ter coisas. Os atos de vida, de gastar energia como fim em si, se considera algo meramente privado, isolado da esfera social. Na economia da reprodução, deixada às mulheres ou às famílias, como também na economia de reprodução de povos indígenas, é óbvio que cada ato de trabalho é vida. Dentro do pensamento econômico burguês e criticando este, Karl Marx mostrou que todas a relações da economia são relações sociais e que todos os atos são atos sociais, enquanto os atores atuam com a (falsa) consciência de atuar só como indivíduos separados (Marx 2012). Para dar uma "resposta" à Sheila Robotham, temos que acrescentar que isto vale não só para o "reino da necessidade", mas também para o "reino da liberdade", não só para o aspecto da produção, mas também o da reprodução, e não só para o aspecto da atividade que recupera as condições para poder viver depois, mas para o ato de viver mesmo; também estes atos que na lógica burguesa pertencem à área privada, são atos sociais e da reprodução da vida – e por isso atos relevantes para o reino de da liberdade. As necessidades básicas do ser humano não incluem somente o recebimento do necessário para poder viver, como as tematizam Hugo Assmann (1994) e Enrique Dussel (2006, 2014) (em crítica à lógica econômica do *homo oeconomicus,* que atua segundo preferências como na teoria da utilidade marginal da escola neoclássica), mas a corporalidade (como dor, gozo etc.) a que Assmann tematiza, está intrinsecamente conectada com a sua processualidade básica de vida em relação social, e por isso as necessidades básicas incluem também os atos de gastar energia dentro do mundo da reprodução.

Segundo a filosofia de Jury Lotman (2005, 2010) que se apoia nos trabalhos de Vernadsky sobre geosfera, biosfera e noosfera, todas as semiosferas da humanidade – acontecendo elas na noosfera – estão ligadas umas com outras. Com Wolfgang Jantzen (2012) se poderia falar de *agapesfera*, a esfera das relações sociais dentro da biosfera – de maneira semelhante como Lotman tematiza a semiosfera na humanidade. Mikhail Bakhtin mostra como a consciência humana se constitui nos *diálogos*, em que finalmente todos os diálogos da humanidade se encontram interligados uns com outros (o "grande tempo" [Bakhtin 2010, p. 409]). E o poeta Mapuche Elicura, Chihuailaf (falando durante o evento "Caxiri Na Cuia" em maio 2013 na UFSCar em São Carlos), diz que a língua humana vem da emoção do escutar à natureza. De todos estes autores, podemos aprender ou pelo menos supor que a consciência humana se constitui nas relações sociais, tanto da humanidade, quanto com a natureza, e assim se deveria pormenorizar, tanto nas relações de comunicação direta, quanto nas relações da economia, da natureza, nas relações "materiais". Se isto é correto, podemos supor, além disso, que a exclusão social corresponde ao *inconsciente*, ao recalcado/reprimido, dentro do ser humano. Se tal dialética corresponde à realidade, devemos concluir que um ato de libertação social, político e econômico estará interligado com atos de libertação pessoais. E pelo outro lado é de supor que uma libertação pessoal profunda só sucederá em relação à e interligado com processos públicos de libertação.

Para chegar a uma humanidade livre, ou para se aproximar ao Reino de Deus, "a vida que precisa ser preservada mediante o consumo de bens materiais que satisfaçam as necessidades básicas" (Sung 1994, p. 8) é só uma metade do necessário, assim a minha tese. Porque esta "metade" do sentido da economia abarca o ato de reproduzir as condições de energia potencial necessárias para continuar o processo de vida, de gastar energia de vida e de "trabalho vivo", mas a outra metade é este mesmo processo. Darei dois exemplos para apoiar este pensamento. No ano 2007 conversei / entrevistei uma Lonko (líder) dos Mapuche na região de Neuquén, Argentina. Ela contou que várias empresas de extração de petróleo tinham devastado a terra, que isto teve como consequência a morte de muitas plantas e animais, e que devido à contaminação da terra, a comunidade perdeu a possibilidade de cultivar plantas e criar animais para o consumo. Entretanto a empresa paga regularmente uma soma alta de indenização que permite viver bem materialmente. Mas mesmo assim, apesar da satisfação das necessidades básicas, as empresas devastaram a vida da comunidade, segundo ela. Porque se perdeu o sentido espiritual com a terra e com isto a base da cultura. – Agora segundo a minha interpretação, um aspecto central que se perdeu, é a interação entre as pessoas e entre ser humano e natureza, por meio do trabalho vivo gasto, um trabalho que não só é atividade para o futuro imediato, mas também para o presente-fluxo, não só numa relação com a natureza sujeito-objeto, mas também numa relação sujeito-sujeito. Por conseguinte, não só o *resultado* do trabalho e uma necessidade vital, mas também o trabalho mesmo.

O outro exemplo é o que aconteceu com o rio Tocantins, no Pará (mencionado acima). Nos dois exemplos, parece que a necessidade do ser humano é o processo de vida / trabalho em relação social com as outras pessoas e necessariamente também com os processos da natureza. Além disso, o reino da liberdade se pode vislumbrar nos *atos*, no aspecto do processo e não só dos resultados respectivos. Tal direito se nega à vasta maioria da humanidade, porque a maioria da terra e por conseguinte da natureza viva (da biosfera e muitas vezes a geosfera) se encontra em propriedade privada e outras formas de dominação, sobretudo estatal, as vezes militar, e os proprietários e sistemas de dominação reduzem a natureza e junto com ela os seres humanos ao trabalho alienado para aumentar o capital.

Na troca e na dádiva, estes dois aspectos da atividade ficam interligados, um com o outro. Se precisaria do direito humano que consiste em que cada ser humano tenha o direito de participar no trabalho que produz valor, o que significa que com o seu trabalho o que cria valor participe do trabalho da sociedade ou da humanidade o que cria valor, e que este seu trabalho seja reconhecido. O reconhecimento não é somente o que é pago, mas consiste em muitas outras formas de visibilidade social e pública, por exemplo no fato de um texto ser publicado. O valor que uma pessoa recebe em troca por seu trabalho tem que estar relacionado com este trabalho, embora não de maneira calculada, mas pelo contrário de maneira que cada ser humano recebe uma parte mais ou menos igual – apesar do tamanho desigual da quantidade de valor que esteja produzindo (considerando as diferenças de capacidade física, intelectual etc.) – recebendo assim, no mínimo, o que corresponde às necessidades básicas. Com este seu trabalho participa no poder da sociedade, por isto a sua participação constitui um componente indispensável da democracia. No reconhecimento tanto social quanto material do trabalho, este permanece sempre visível nos seus dois aspetos, a saber no aspeto *subjetivo*, isto é, da sua qualidade de *vida humana* expressa e gasta, e no aspeto *objetivante* de criar valor para outros (energia potencial que possibilita a vida, ou seja energia cinética de outros), em que estes dois aspetos acontecem de maneira mútua, recíproca.

Além disso, devido ao fato que o trabalho *humano* sempre fica ligado ao trabalho *da natureza* – o que continua sendo o caso também numa situação na qual a maioria da população não mora no campo – tudo isto que foi dito sobre o trabalho humano requer uma relação inteiramente democrática no que diz respeito ao trato da natureza e para mais um relacionamento entre ser humano e natureza, que seja não somente da qualidade sujeito-objeto, mas também da qualidade sujeito-sujeito, que reconheça a natureza mesma como vida e como sujeito. Por isto, a libertação plena exigirá abolir toda propriedade privada e dominação sobre a natureza. Só então poderá acontecer o que é dito em Amos 9,14 – a saber referente aos *dois* aspectos da economia:

אוְנָטְעוּאוכְרָמֹיםאוְשָׁתוּאֶת־יֵינָםאוְעָשׂוּאוגַנּוֹתאוְאָכְלוּאאֶת־פְּרִיהֶם:
וּבָנוּאוְעָרִיםאונְשַׁמּוֹתֹאוְיָשָׁבוּ

4.8. A colonialidade da natureza[52]

A) Poder – conatus – energia potencial

O poder que se pode definir como a capacidade e ao mesmo tempo vontade de viver (Dussel 2006), de permanecer na própria existência ou de reproduzir a própria habilidade de atuar e pensar (Spinoza 2007), se encontra sempre na relação ou no contexto entre a comunidade humana e a natureza. A natureza em termos de ciências ocidentais consiste na biosfera, na geosfera (Vernadskij 1997) e outras esferas cosmológicas. Segundo concepções de povos indígenas, a natureza é a *mapu* (=terra e tudo o que vive nela ou cosmos na língua mapudungún), pacha-mama (povos andinos: mãe terra). Vernadskij coloca a *biosfera* como momento transformador e ao mesmo tempo integrante da geosfera. E de maneira análoga coloca a *noosfera*, a qual é a esfera do ser humano que transforma e integra tanto a biosfera como a geosfera por meio da ciência e do trabalho, como momento novo e integral das ditas esferas. Ele enxerga então – desde a sua perspectiva

---

52 Este capítulo e um texto que elaborei para o *Congresso* Anptecre na PUC de Goiás, *13 a 15 de setembro de 2017.*

científica de um geólogo – a *noosfera*, ou seja, o mundo humano na sua totalidade, como desenvolvimento espontâneo e objetivo da geosfera. Mas neste ponto já coloquei uma crítica. Considerando a primeira das teses de Marx sobre Feuerbach, deveríamos cogitar uma correspondência entre natureza e o mundo humano não só em termos da objetividade, mas particularmente da *subjetividade* que se realiza por meio de atos e relações sociais e interações.

Enrique Dussel (2006) distingue no significado de poder entre os dois termos *potentia* e *potestas*. Potentia é o poder original e se encontra sempre na comunidade, no povo. E potestas é a realização concreta que se dá por meio da divisão de trabalho, por meio de pessoas e instituições às quais se *delega* o poder. Assim, a potestas é poder delegado.

O significado simples de poder é *querer* e *poder viver*, a vontade e a capacidade de viver da comunidade (Dussel 2006, tese 1, [2.1]). Isto corresponde ao *conatus* de Espinoza: à aspiração de cada coisa (*res*: pode também significar *ser* ou *contexto*) de permanecer na própria existência ou de manter e aumentar a capacidade própria de atuar e de pensar.

Mas é útil considerar estes processos também em termos da física, da termodinâmica (sem esquecer a suposição que a realidade que se pode ver de fora, objetivamente, é a mesma realidade que contém um aspecto de dentro, de subjetividade). Nesta perspectiva, o poder ou o conatus é energia potencial. Esta pode permanecer temporariamente estável só por meio de processos de *reprodução* e *auto-transformação* permanente. Mas um "sistema" nunca pode existir fechado, só aberto, isto significa que um ser vivo pode se reproduzir exclusivamente em relação com uma *exterioridade* energética. A planta encontra tal exterioridade na relação sol-terra-espaço sideral; o animal a encontra no conjunto de alimentação (heterotrofia) e respiração; e o ser humano – além da sua semelhança com o animal, por meio de uma relação heterotrófica com a natureza, especificamente com a biosfera e no que diz respeito à economia, também com grandes partes da geosfera.

Heterotrofia significa no sentido amplo da palavra, que um ser vivo recebe energia em alta complexidade, a qual possibilita o próprio processo de vida. Enquanto o processo de vida é trabalho vivo (energia cinética), a força de trabalho (energia potencial) por sua vez se encontra na relação *entre* ele e a sua exterioridade. Fisicamente, *vida* significa o mesmo como *trabalho*, porque um sistema recebe a energia de alta complexidade que se encontra entre ele e a sua exterioridade, a transforma no processo da própria vida; e enquanto se consome ou *gasta* esta energia em termos de complexidade ou ordem, ao mesmo tempo se *cria*, se *produz* uma estrutura espaço temporal de alta ordem: o próprio corpo como processo. E apesar de certo ato de 'coisificação' que se dá pelo ato de heterotrofia, seja na alimentação por outro ser vivo, seja pela utilização da natureza pelo ser humano, a heterotrofia não pode acontecer sem um mínimo de *ressonância*. Sem ressonância ou uma correspondência, uma semelhança, a complexidade a qual é uma ordem, isto é o aspecto espiritual da natureza e da matéria, nunca poderia passar ou trasladar-se da relação sistema-exterioridade para dentro do sistema. Disto decorre que a reprodução de um sistema ou ser vivo sempre acontece junto com a exterioridade. A energia potencial, e por isso o conatus, se realiza na relação entre o sistema dado e a exterioridade. Assim, mesmo o poder humano, que se pode considerar como o conatus ou a energia potencial, não se encontra exclusivamente na comunidade humana como afirma Dussel, mas na relação entre o mundo humano e a natureza, a sua exterioridade, sobretudo a biosfera e a geosfera. Por isso, o *poder* (potentia) se encontra no processo da reprodução-autotransformação do sistema aberto, do contexto da relação entre ser humano e natureza. Todo poder exclusivamente humano já é sempre e de antemão *potestas*, um poder *delegado*.

B) Poder e propriedade

Poder é então, considerando tanto a sociedade como a dimensão física entre ser humano e natureza, a atribuição social da disposição sobre a energia potencial. A energia potencial aqui relevante é a da reprodução da comunidade ou sociedade respectiva – ou da humanidade inteira, consoante a perspectiva. Este conjunto de energia potencial é constituído pela interação entre todos os atos e processos, entre a comunidade humana e a natureza circundante, ou seja, entre o sistema social e a sua exterioridade energética. Por isto, temos que observar bem os fatores socialmente relevantes deste conjunto de energia potencial.

Suponhamos que dentro de um grupo humano, uma pessoa tenha mais poder do que o resto do grupo. Esta pessoa poderosa (como chefe etc.) pode ter certas capacidades e habilidades físicas e mentais, as quais por sua vez são em parte resultados de dons ou talentos da natureza (do trabalho da natureza do passado) e em parte efeitos de esforços da sociedade, como por exemplo de sistemas de educação. Outros fatores são a propriedade sobre meios de produção (os quais conectam o trabalho humano com o trabalho da natureza), além disso o poder ou a propriedade sobre a força de trabalho da natureza, a saber a terra, e finalmente a disposição sobre o uso da força de trabalho de outros seres humanos, como por meio da escravidão ou da mão-de-obra assalariada, dependendo da sociedade em questão. E tudo isto só funciona enquanto o conjunto da sociedade ou comunidade aceite e apoie ativamente esta ordem estabelecida.

A *propriedade* não é nada mais do que uma função ou um componente do *poder*. O antropólogo Bronisław Malinowski definiu o termo *propriedade* tomando distância do mundo ocidental, nas ilhas Trobriand, perto da Nova Guiné: "A propriedade, no sentido mais amplo da palavra, é a relação, em geral muito complexa, existente entre um objeto e a comunidade social em que ele se encontra." (Malinowski 1978, p. 95) Nas ilhas Trobriand, "toli-" significa proprietário ou senhor ou especialista etc.; por exemplo *toliwaga* é o proprietário de uma canoa; *toli-bagula* o senhor de uma roça; e *toli-megwa* o especialista em magia, etc. (ibidem, p. 96). Disto segue que a qualidade de *toli-* ou de *proprietário* de uma pessoa com relação a um objeto, uma atividade etc., é respectivamente uma atribuição social específica do objeto respectivo, de uma capacidade ou habilidade etc. a um ser humano dentro da comunidade ou sociedade. Em outras palavras, ser proprietário ou toli é uma atribuição social de energia potencial a um ser humano. Isto significa *riqueza*, sob a condição que também se gaste esta riqueza dentro da relação social (a energia potencial só pode existir sob a condição que ela constantemente se transforme em energia cinética). *Propriedade* é *poder* socialmente atribuído que só deste modo funciona.

C) Valor econômico como "lote" e "tijolo" do poder político delegado

Na história recente, o lugar do poder, que se percebia em torno de senhores ou dominadores, se transfere, cada vez mais, ao local da propriedade privada. Já desde tempos antigos, o poder de dominadores como reis e imperadores era acompanhada pelo poder de latifundiários, ou na Idade Média europeia dos *vassalos*. O poder que o vassalo tem sobre o seu feudo, é supostamente uma dádiva do rei ou imperador, ou seja, um "lote", mas ao mesmo tempo é um "tijolo" do poder imperial. Em certo sentido, a economia capitalista começou historicamente com os vassalos. Depois da conquista das Américas, a nova terra conquistada pertencia oficialmente aos respectivos reis de Espanha e de Portugal. Os colonos recebiam pedaços de terra, "tierra de merced", e "donatarias", respectivamente. Nestes terrenos começaram a atuar de maneira 'capitalista'.

Até agora, a propriedade privada não só é apoiada pelo Estado e por entidades imperiais como a Europa, o G20, a organização mundial do comércio etc., mas é ao mesmo tempo "tijolo" destas entidades de poder. Os proprietários privados são em certo sentido "shareholders" – traduzida esta palavra oficialmente como *acionistas*, mas traduzível literalmente como 'possuidores de lote' ou 'mantenedores de parcela' – do poder territorial, para reusar esta palavra em sentido modificado.

O *poder* (potentia) jaz no *conatus* do contexto da relação entre ser humano e natureza e da reprodução deste contexto que acontece em cada momento. Se trata de uma estrutura de energia potencial que se reproduz continuamente. Esta reprodução contínua do contexto da vida é a única garantia para certa estabilidade desta estrutura de energia potencial que é o poder. Porque a energia potencial é em cada momento o resultado instantâneo da interação de processos e atos, de movimentos, ou seja, de acontecimentos de energia cinética. Ela nunca pode ser guardada, conservada, não existe um Motor Imóvel como Aristóteles pensava. Quando acontece a dominação por um senhor, rei, imperador, ou de um Estado, etc., o poder da pessoa ou entidade respectiva – ainda que lhe possa parecer um poder autorreferencial – sempre *é* um poder delegado que se baseia no poder que jaz na reprodução da vida, no contexto entre ser humano e natureza.

Aqui vou argumentando que o *valor* econômico, que está na base do funcionamento do dinheiro, é "lote" e "tijolo" do poder dominador em um dado território. Valor é energia potencial, portanto resultado do trabalho do ser humano e do trabalho da natureza, por isso de energia cinética. Mas é mais do que isto. Contanto que o dinheiro de uma economia dada represente o conjunto de toda a propriedade (privada) na área onde acontece o seu funcionamento (apesar da assimetria entre a quantidade total de dinheiro e o seu poder aquisitivo), se pode contemplar que a totalidade da propriedade material consiste em a) terra e recursos naturais, b) meios de produção e c) meios de consumo e de vida. Na terra e nos recursos naturais (a), se trata da *força de trabalho* da natureza. Nos meios de produção (b) se trata de instrumentos e maquinários que por seu lado são produtos de trabalho, mas servem para forçar a natureza a trabalhar mais, ou seja, a ser explorada, transformando os resultados dos seus processos de vida em produtos úteis dos humanos. Os meios de consumo e de vida por sua vez (c), ainda que uma parte deles "desaparece" simplesmente por meio do consumo, uma parte considerável serve para "alimentar" a força de trabalho humana. Resulta que uma parte grande da propriedade total é – como um fósforo – em maior medida disposição sobre trabalho futuro (da natureza e do ser humano) do que resultado de trabalho já feito. O mesmo vale para o dinheiro e o seu valor generalizado. Desde o começo do uso predominante da moeda, já parecida à moeda moderna, na Grécia no século VI a.C., o Estado respectivo cunhava a moeda, ela tinha um valor que excedia o valor do metal usado, e o valor valia só dentro da área do poder do Estado em questão (Seaford 2004, pp. 120-170).

Tanto a *conservação* do valor representado pelo dinheiro, quanto o *aumento* do valor de uma moeda, quanto por fim o aumento específico que se dá na *mais-valia* no capitalismo, é no final das contas resultado da reprodução da vida da natureza e do ser humano em relação à ela – e da capacidade do proprietário ou do dominador ou da instituição respectiva de dominar e sacar os resultados de trabalho vivo. Em condições da *subsunção real do trabalho da natureza e do ser humano* sob o capital, se reduz o trabalho vivo e as relações sociais implicadas à produção de valor, em que este é representado pelo dinheiro e aparece como autorreferencial – sendo feito invisível o trabalho vivo na sua base. Isto mostra que o valor econômico é tanto *lote* do poder estatal/imperial que sempre se refere a um território ou um conjunto de territórios (em sistemas coloniais e neo-coloniais), como, que este valor se relaciona com o poder dominador territorial da mesma maneira – apesar de todos os conflitos – como os *tijolos* se relacionam com a casa a qual foi construída com eles.

D) Colonialidade da reprodução

Aníbal Quijano (2000) cunhou o termo da
colonialidade do poder e aponta para um *regime mundial de
trabalho* que se constituiu desde a época da colonização de
uma maioria da Terra por Europa, e para um racismo novo
junto com a "invenção" da raça, no sentido que dentro do
novo regime mundial de trabalho se definiram as raças
como categorias de seres humanos, desde os "negros"
como escravos para o mercado mundial até os "brancos"
que resultaram os únicos reconhecidos como plenamente
humanos. Junto com a distinção dicotômica das "raças", se
estabeleceu a *modernidade*, em que invisivelmente os sub-
humanos produzem a modernidade.

María Lugones e outras autoras (Lugones 2008,
2014; Mendez 2015) destacam na mesma lógica uma
distinção dicotômica de *genêro*, dizendo que este aspecto
de maior importância foi ignorado por Aníbal Quijano. Elas
falam da *colonialidade do genêro*. Isto significaria que as
mulheres numa dimensão global *produzem* a modernidade
e são excluídas socialmente ao mesmo tempo, em que só os
homens (brancos) são reconhecidos como plenamente

humanos. A diferença de gênero é concebida como uma diferença racial, racista.

No fundo, a colonialidade do poder e a do gênero se baseiam numa *colonialidade da reprodução*. A *reprodução* da natureza e a do ser humano – na condição da subsunção real do trabalho vivo sob o capital – *produzem* a modernidade. Este processo começa com uma distinção dicotômica entre ser humano e natureza, em que a natureza é definida como material virtualmente morto, sem espírito e sem subjetividade.

Francis Bacon (1999) mostrou como o ser humano pode aumentar o seu poder logo que ele controlar os processos da natureza (*natura naturans* ou natureza naturante, isto é o trabalho da natureza) para obter um resultado desejado (uma qualidade, "natura data" que é natureza dada, ou *natura naturata*=natureza naturada). René Descartes (1996), por sua vez, fundamentou filosoficamente uma distinção dicotômica entre ser humano e natureza, em particular entre matéria e mente/espírito, entre "coisa extensa" e "coisa pensante". Enquanto se pode interpretar o pensamento de Bacon como se fosse uma análise antecipada do sistema capitalista o qual se realiza por meio da subsunção do trabalho vivo da natureza sob o capital, no pensamento de Descartes se torna totalmente invisível qualquer subjetividade ou espiritualidade da natureza.

Mas apesar da invisibilidade, é a reprodução subjugada, tanto da natureza quanto do ser humano, ou seja, o trabalho vivo dos dois, em particular do Sul global, que produzem a modernidade e que são a fonte do valor econômico.

Por causa da crescente destruição dos contextos da reprodução da vida, tanto da natureza como do ser humano, e mais sutilmente por causa do direcionamento dos afetos e desejos aos *produtos* do trabalho vivo – fazendo invisível este último e tornando inconsciente os afetos e desejos ligados a ele mesmo (e aqui se dá a *religião do capitalismo*) –, cada vez mais pessoas da Terra, sejam forçadas ou atraídas, tendem a *migrar*. Na situação da migração, se perde o poder (potentia) que jaz no contexto da reprodução da vida, que só existe e pode existir na relação entre ser humano e natureza durante a constante reprodução deste contexto. E ao mesmo tempo se encontram excluídas da propriedade pecuniária e do amparo por um Estado o qual fica reservado aos cidadãos e aos proprietários. Assim, na migração, o ser humano é privado tanto do poder originário relacional, como do poder dominador e dos 'tijolos' com os quais este está edificado: o valor econômico representado pelo dinheiro. Enquanto não se respeitar tanto *o outro* como "lo único realmente sagrado y digno de respeto sin límite" (Dussel 1996, p. 78, parágrafo 2.6.2.3.) quanto *a outra*, o conjunto de tudo o que vive na Terra, como destaca o movimento do Buen Vivir (Barranquero-Carretero, Sáez-Baeza 2015), em vez de localizar Deus no resultado generalizado do trabalho, no dinheiro e nos entidades do império, não se chegará a cumprir os direitos humanos para todos e respeitar a vida da Terra como sujeitos em alteridade.

4.9. Equivalente quantitativo e qualitativo

Quando pessoas ou grupos começam a trocar, ou seja, a se dar presentes, dádivas, mutuamente, um ao outro, reciprocamente, em diferentes ocasiões como celebrações, festas, etc., dentro de uma cultura da dádiva, se deixa de atuar segundo o princípio do *dilema de energia* (gastar o mínimo possível para ganhar o máximo possível) como na caça e na guerra, e se aspira à *equivalência*, a igualdade.

Neste caso, é necessária a equivalência quantitativa aproximada, para que a implicada *negação* de vida imediata que o trabalho sempre significa – sendo ele um ato de autopoiesis/vida externalizada, 'coisificada' – se transforme numa *afirmação* de vida na dimensão da relação social abrangente.

Entretanto, a equivalência *quantitativa* pressupõe a equivalência *qualitativa*, não é possível sem esta. Quando se dá presentes mutuamente e se interliga tais atos como dar, receber e retribuir etc., deve existir algo em comum entre os diferentes presentes.

Suponhamos que esta qualidade em comum é o *valor*. Valor por sua vez é energia potencial (entrecruzada com energia cinética, como acontece em sistemas da autopoiesis; energia potencial é um *motor móvel* ou movido [não o motor imóvel de Aristóteles]). Mas a energia potencial não se encontra simplesmente dentro da coisa, no produto, mas na inter-relação entre todos os atos, trabalhos e processos humanos e os da natureza. A energia potencial do universo se poderia conceber como Deus, o qual cria todos os movimentos, atos, trabalhos, processos de todos os sujeitos (energia cinética) e ao mesmo tempo é criado por eles (por isto motor móvel). A criação seria um processo recíproco.

Mas para pensar de maneira mais concreta, podemos compreender a relação entre ser humano e natureza (sobretudo a biosfera) como um sistema social ou ecológico que se autorreproduz. A energia potencial deste sistema relacional é em cada momento o resultado de todos os atos, trabalhos, processos de todos os sujeitos humanos e não-humanos em interação. Esta energia potencial é exatamente o *conatus* do qual escreveu Espinoza, ou seja, a aspiração de permanecer na própria existência, junto com os afetos básicos como a alegria, a tristeza e a cupiditas (=desejo, vontade, cobiço).

Neste contexto, suponho que o *valor* é a unidade fractal ou a unidade sintética básica, a "forma celular" (Zellform), do *conatus* da relação entre ser humano e natureza (como estou argumentando em Stosiek 2018). O valor que se atribui a uma coisa, a um produto ou a uma obra ou atividade de um ser humano ou à atividade de um sujeito da natureza, é sempre um lote ou um fragmento do conatus=da energia potencial do conjunto vivo e social da natureza com a humanidade. Ou, melhor dizendo, a contradição que o valor (=energia potencial) se encontra por um lado no referido conjunto social abrangente, e pelo outro lado e ao mesmo tempo se o atribui a uma coisa, um produto etc., se resolve por meio da consideração que se trata de uma "quebra de simetria" do poder, na qual a pessoa que dispõe de um produto dado, dispõe com este de uma parcela ou de uma porcentagem da energia potencial do conjunto social. O *valor de uso* de qualquer mercadoria consiste exatamente nesta disposição respectivamente específica sobre o *valor* o qual por sua vez é uma qualidade social. Por isso, os atos da dádiva e da troca, que incluem atividades recíprocas com a natureza, são atos nos quais o ser humano realiza de maneira equitativa o poder e a vontade de viver em abrangência universal – nas dimensões da humanidade e da Terra. É algo muito mais significativo e espiritual do que se entende comumente com a palavra "econômico".

A *quebra de simetria* pode pender – ainda que não necessariamente de maneira alguma – para a *alienação* a qual se dá quando se considera o valor meramente como qualidade da *coisa* ou do *produto* e se esquece que o mesmo valor (energia potencial) consiste e se realiza propriamente na interação de todos os atos e processos (energia cinética) do conjunto social dos seres humanos entre si e com a natureza. Assim, contemplar o valor só na coisa já é o ato da *fetichização*. Esta, como a alienação, culmina na forma abstrata do valor, no *dinheiro*, quando este se contempla como se contivesse o valor em si.

O *valor de uso* do dinheiro consiste – de jeito ainda mais genérico do que no caso de qualquer outra mercadoria – no fato de o proprietário poder dispor de uma quantidade do *valor*, em outras palavras, de uma porcentagem da energia potencial, ou da força de trabalho, que é propriedade do conjunto da relação entre ser humano e natureza.

Disto resulta que cada e qualquer mercadoria é no final das contas 'mercadoria força de trabalho', entendida esta de maneira análoga como Marx analisou a força de trabalho do trabalhador como mercadoria (Marx 2012). Isto vale especialmente para 1) a força de trabalho da natureza, a *terra*, 2) a força do trabalho do ser humano, a *mão de obra*, e 3) para o dinheiro, três entidades sobre as quais Karl Polanyi afirmou que propriamente não se tratava de mercadorias (Polanyi 2001, 72ff; 86). Mas nesta análise se clarifica que num sentido amplo, sim se trata de mercadorias. O seu poder deriva da instituição social da propriedade privada total, a qual é uma privatização do valor que por sua vez é uma propriedade social.

Porém, a *quebra de simetria* que se dá na coisificação, ou seja, na associação de produtos ou de atividades com valor, não resulta necessariamente na alienação. Quando se realiza uma *relação social significativa* entre seres humano e entre eles e a natureza, a *negação* parcial de vida imediata que cada ato de trabalho significa por constituir este um ato de *autopoiesis externalizada*, a negação se transforma numa afirmação mútua da vida dentro da dimensão da relação. Por isto, o valor não se realiza exclusivamente por meio do *dinheiro* de maneira alguma. Este tem obviamente uma certa e crescente *hegemonia* na sociedade global atual. Mas não é a única forma. Só é uma de várias realizações. A vida humana, e de maneira diferente a da natureza também, sempre se realiza por meio de objetivações de atos que são integrados em processos e em relações sociais. O valor de um resultado de um ato, seja uma obra de arte, um ato de amor, a atividade de cuidar de outras pessoas, a produção de qualquer objeto, de alimentação, etc., se tratando sempre da interação de trabalhos de seres humanos com trabalho da natureza, é o valor *para* (porque o valor não exlste em colsas, exlste só na *relação*) a vida, o valor *para* a relação social, até mesmo *para* a relação amorosa, e o valor se dá mútua e reciprocamente na dádiva e na troca quando se realiza uma relação social igualitária entre seres humanos e – na medida possível – entre humanidade e natureza.

5. Caminhos rumo à igualdade - uma pista da libertação

A dádiva mútua baseada na equivalência e a sexualidade na exogamia resultaram sendo historicamente – assim a hipótese – um fundamento para a paz e uma relação social humana abrangente em nível universal. Mesmo assim, elas nunca superavam a guerra como práxis efetuada na humanidade, com exceção de épocas limitadas na história. Com as sociedades de classes separadas, e outra vez com a sociedade global de "raças" separadas a partir do século 16 (como diz Aníbal Quijano na 'colonialidade do poder'), a "guerra" se tornou para dentro do sistema de sociedade. A guerra virou exploração; ou seja, a coisificação do contexto de vida que acontecia na guerra, foi substituída pela mesma coisificação do contexto da vida por meio da exploração do trabalho das classes e raças oprimidas e da natureza subjugada. Entre as classes e entre as raças não acontece nem dádiva mútua baseada na equivalência, nem se casa. A sexualidade é reprimida socialmente, e tal repressão social se transforma numa repressão interna, psíquica, especialmente nas camadas burguesas da sociedade (como Freud descobriu). Uma sexualidade mais liberta junto à uma relação social mais igualitária e universal que superasse as fronteiras entre classes, raças, igrejas, religiões, fés e outras distinções, questionaria a exploração e facilitaria a paz.

Quando se coisifica outro ser humano, outra esfera de vida humana e inclusive uma área da vida da natureza, reduzindo estes âmbitos à energia potencial (imaginada como 'motor imóvel'), atribuição que acontece na guerra, começando com a caça, e em vários processos de colonização, sobretudo na exploração do trabalho, se executa *dominação*. O *eu* – tanto o eu individual, como o eu coletivo, por exemplo de um povo, uma camada social, uma classe, uma "raça", uma igreja, etc. – se retira a sua identidade, entendida esta como totalidade.

Libertação pode acontecer quando se abre tal identidade, quando se permitem ressonâncias com a outra vida, os outros sujeitos. Na alteridade se reconhece o outro não como "energia potencial (imóvel)", mas como "energia cinética", outra subjetividade. Este é, exatamente, o sentido proposto por Enrique Dussel, quando destaca na sua leitura de Karl Marx (Dussel 1990, p. 369s) que o trabalho vivo não é *fundamento,* mas *fonte* do valor porque é uma exterioridade, ou seja, que o trabalho vivo não *é* valor, mas *cria* valor. Isto, acrescentando os termos físicos, significa para a perspectiva da alteridade que a subjetividade outra é energia cinética (trabalho vivo), mas não *é* energia potencial (valor) ainda que a *crie*.

Como argumentei, foram as "invenções" tanto da dádiva e da troca baseadas no princípio da equivalência quanto da exogamia, portanto de relações sexuais e casamentos com pessoas potencialmente inimigas com as quais se estaria em guerra e concorrência, que se superava (ainda que só parcialmente) a guerra e se alcançava uma relação social universal.

Talvez tais "invenções" terão o potencial também na atualidade de superar a coisificação dos outros sujeitos. Uma sexualidade liberta e reconhecida na diversidade poderia contribuir para uma humanidade que se compreenderia em uma relação social universal.

Uma espiritualidade enfim, aprendendo de povos indígenas, que desvele a natureza como subjetividade, como vida, como alteridade, poderia superar a coisificação dela.

Tais dimensões de relação social e espiritual constituiriam a dimensão onde se transformam as "negações", ou seja, as objetivações que acontecem no trabalho do ser humano e no trabalho da natureza (negação porque se reduz cada vez o processo de vida à produção de uma estrutura de energia potencial útil) em afirmação abrangente da vida em um nível elevado. Esta afirmação da vida pode ser realizada concretamente em que se adote o princípio de equivalência em vez do dilema de energia como guia norteador nas relações práticas entre seres humanos e com a natureza. Seria necessário não somente transformar a propriedade privada dos meios de produção em propriedade socializada (demanda clássica do marxismo), sendo que estes últimos são a ligação entre trabalho humano e trabalho da natureza, mas superar também a dominação humana sobre a natureza e chegar a uma relação com a natureza que seja tanto democrática, quanto que reconheça esta como sujeito ou como "sujeita", como alteridade, e a humanidade como parte da Terra Outra.

Referências

Adorno, Theodor W.: Drei Studien zu Hegel, Frankfurt am
    Main 1974 (primeira edição 1963).

Assmann, Hugo: Economía y Religión, San José, DEI, Costa
    Rica 1994 (ed. orig. em portugues: São Paulo,
    1990/91)

Assmann, Hugo: Clamor dos pobres e "racionalidade"
    econômica, São Paulo 1990.

Assmann, Hugo: Paradigmas educacionais e corporeidade,
    Piracicaba 1995.

Assmann, Hugo: Metáforas novas para reencantar a
    educação. Epistemologia e Didática, Piracicaba 2001.

Assmann, Hugo; Sung, Jung Mo: Deus em nós. O reinado
    que acontece no amor solidário aos pobres, São
    Paulo 2010.

Assmann, Hugo (organizador): Götzenbilder und Opfer.
    René Girard im Gespräch mit der
    Befreiungstheologie. LIT Verlag Münster-Hamburg
    1996 (edição original em português 1991).

Bacon, Francis: Novum Organon ou Verdadeiras Indicações
    acerca da Interpretação da Natureza. Nova Atlântida.

Tradução José Aluysio Reis de Andrade. São Paulo
1999.

Bakhtin, Mikhail: Estética da criação verbal, São Paulo 2010
(primeira edição 1992; original russo: Moscou 1979).

Barranquero-Carretero, Alejandro; Sáez-Baeza, Chiara:
Comunicación y buen vivir. La crítica descolonial y
ecológica a la comunicación para el desarrollo y el
cambio social. Palabra Clave 18, N. 1 (2015), 41-82.
DOI: 10.5294/pacla.2015.18.1.3.

Bautista, Juan José: De la comunidad ideal de comunicación
a la comunidad real de la comunicación, in: Enrique
Dussel (organizador): Debate en torno a la ética del
discurso de Apel. Diálogo filosófico Norte-Sur desde
América Latina, Mexico 1994, pp. 90-97.

Boff, Leonardo: Ética e espiritualidade, Petrópolis 2003.

Bourdieu, Pierre: Os usos sociais da ciência. Por uma
sociologia clínica do campo científico, São Paulo 2003
(edição original em francês 1997).

Cabalzar, Aloisio (organizador): Peixe e Gente no Alto Rio
Tiquié: conhecimentos tukano e tuyuka, ictiologia,
etnologia, São Paulo 2005.

Castro, Eduardo Viveiros de: A inconstância da alma
        selvagem e outros ensaios de antropologia, São
        Paulo 2006 (primeira edição 2002).

Castro, Eduardo Viveiros de: Perspectivismo indígena, in:
        Instituto Socioambiental (ISA): Visões do Rio Negro –
        Construindo uma rede socioambiental na maior bacia
        [cuenca] do mundo, São Paulo 2008, pp. 84-90.

Cesarino, Pedro de Niemeyer: Poéticas Indígenas, in ISA:
        Povos Indígenas No Brasil 2006-2010, São Paulo
        2011.

Chamorro, Graciela: Terra madura, yvy araguyje:
        fundamento da palavra guarani, Dourados (Brasil)
        Editora da UFGD, 2008.

Clastres, Pierre: A sociedade contra o Estado: pesquisas de
        antropologia política, Rio de Janeiro (F. Alves) 1978.

Clastres, Pierre: Arqueologia da Violência. Ensaio de
        Antropologia Política, São Paulo 1982.

Descartes, René: Discurso Do Método. As Paixões Da Alma.
        Meditações. Objeções e Respostas. São Paulo 1996.

Diakuru, Kisibi (narradores), UNIRT, FOIRN (organizadores):
        Bueri Kãdiri Maririye. Os ensinamentos que não se
        esquecem, São Gabriel da Cachoeira 2006.

Diamond, Jared: Guns, Germs and Steel, New York (editora: W. W. Norton) 1997.

Drewermann, Eugen: Die Spirale der Angst - Der Krieg und das Christentum, Freiburg 1991.

Dussel, Enrique: Hacia un Marx desconocido. Un comentario de los Manuscritos del 61-63, México 1988.

Dussel, Enrique: El último Marx (1863-1882) y la liberación latinoamericana, Mexico 1990.

Dussel, Enrique: Philosophie der Befreiung, Hamburg 2000 (original em espanhol, México 1977).

Dussel, Enrique: 20 Tesis de Política, Mexico 2006.

Dussel, Enrique: Desde la teoría crítica a la filosofía de la liberación (Algunos temas par el diálogo), in: Idem: Materiales para una política de la liberación, Plaza y Valdés, Mexico 2007.

Dussel, Enrique: 16 Tesis de Economía Política. Interpretación Filosófica. México 2014.

Eibl-Eibesfeld, Irenäus: Liebe und Haß. Zur Naturgeschichte elementarer Verhaltensweisen, München 1972.

Faber, Malte; Manstetten, Reiner: Mensch-Natur-Wissen. Grundlagen der Umweltbildung, Göttingen (Alemanha) 2006.

Feuser, Georg; Jantzen, Wolfgang: Die Entstehung des Sinns
in der Weltgeschichte, no internet:
http://basaglia.de/Artikel/Sinnkosmos.pdf, escrito
1992.

Foerster, Heinz von (organizador): Cybernetics of
Cybernetics. "The control of control and the
communication of communication". Urbana, Illinois
1977.

Foerster, Heinz von: On Self-Organizing Systems and Their
Environments, in: idem: Understanding
Understanding. Essays on Cybernetics and Cognition,
New York 2003 (editora: Springer Verlag).

Freire, Paulo: Pedagogia do oprimido, Rio de Janeiro / São
Paulo (Paz e Terra) 2017.

Freud, Sigmund, Gesammelte Werke, organizadora: Anna
Freud, London 1952, Tomo I.

Gebara, Ivone: Rompendo o silêncio: uma fenomenologia
feminista do mal, Petrópolis 2000.

Gebara, Ivone: Vulnerabilidade, Justiça e Feminismos.
Antologia de textos, São Bernardo do Campo 2010.

Girard, René: A violência e o sagrado, São Paulo (Paz e
Terra) 1990.

Habermas, Jürgen: Erläuterungen zur Diskursethik, Frankfurt
am Main 1991.

Habermas, Jürgen: Moralbewußtsein und kommunikatives
Handeln, Frankfurt am Main 1992 (primeira edição
1983).

Hayek, Friedrich A. v.: Die Verfassung der Freiheit, Tübingen
1991 (primeira edição 1971)

Hegel, G. W. F.: Phänomenologie des Geistes, Hamburg
1952.

Hinkelammert, Franz J.: Democracia y totalitarismo, San
José (DEI) 1987.

Hinkelammert, Franz J.; Jiménez, Henry Mora: Economía,
vida human y bien común. 25 gotitas de economía
crítica, San José (Costa Rica) 2014. S. 42: Prinzip der
Neoklassik sei "asignación (óptima) de los recursos
escasos"

Holz, Hans Heinz: Dialektik und Widerspiegelung. Köln 1983.

Jantsch, Erich: Die Selbstorganisation des Universums. Vom
Urknall zum menschlichen Geist, München/Wien
1992 (erste Auflage 1979).

Jantzen, Wolfgang: Allgemeine Behindertenpädagogik
(pedagogia dos incapacitados geral), editora: Beltz

1987 (1992), 1990; nova edição: Berlin (edição: Lehmans media) 2007.

Jantzen, Wolfgang: Am Anfang war der Sinn. Zur Naturgeschichte, Psychologie und Philosophie von Tätigkeit, Sinn und Dialog, Berlin 2012.

Jantzen, Wolfgang: Marxismus als Denkmethode und Sicht auf die Welt – eine ständige Herausforderung auch im 21. Jahrhundert?, in: Willehad Lanwer, Wolfgang Jantzen: Jahrbuch der Luria-Gesellschaft 2012, Berlin 2013.

Jantzen, Wolfgang: Was sind Emotionen und was ist emotionale Entwicklung [O que são emoções e o que é desenvolvimento emocional], in: Jahrbuch der Luria Gesellschaft 2014, organizado por Willehad Lanwer e Wolfgang Jantzen, Berlin 2015.

Junqueira, Rodrigo: O Desafio da Coexistência com Terras Indígenas, in: Instituto Socioambiental: Povos Indígenas No Brasil. 2006/2010, São Paulo 2011.

Kelly, Raymond C.: The evolution of lethal intergroup violence, in: Proceedings of the National Academy of Sciences of the United States of America (PNAS), 2005 Oct 25; 102(43): 15294–15298. Published online 2005 Aug 29. doi: 10.1073/pnas.0505955102, PMCID: PMC1266108, no Internet (13.10.2017): https://www.ncbi.nlm.nih.gov/pmc/articles/PMC126 6108/

Lagarde y de los Ríos, Marcela: El Feminismo en mi vida. Hitos, claves y topías, México 2012.

Lan, Kwok Pui: Globalização, Gênero e construção de paz. O futuro do diálogo interfé. Coordenação editorial: Jung Mo Sung, São Paulo 2015 (original em inglês: Globalization, Gender and Peacebuilding: The Future of Interfaith Dialogue, 2012).

Leibniz, Gottfried Wilhelm: Philosophische Schriften, Tomo I, Kleine Schriften zur Metaphysik (organizado e traduzido por Hans Heinz Holz), Frankfurt am Main 1996.

Lima-de-Faria, A.: Molecular evolution and organization of the chromosome, Amsterdam 1986 (primeira edição 1983).

Lotman, Jurij M.: Die Innenwelt des Denkens, Berlin 2010 (edição original Petersburg 2000).

Lotman, Jurij M.: Sign Systems Studies 33.1, 2005.

Lugones, María: Colonialidad y Género, em (revista): Tabula
Rasa. Bogotá - Colombia, No.9: 73-101, julio-
diciembre 2008.

Lugones, María: Colonialidad y Género. Hacia un feminismo
descolonial, em: Walter Mignolo (et alii.
organizadores): Género y descolonialidad, Buenos
Aires 2014, pp. 13-42.

Malinowski, Bronislaw: Magia, Ciência e Religião, Lisboa
(sem indicação de ano): Edições 70 (edição original
1984: Magic, Science and Religion).

Malinowski, Bronislaw: Argonautas do Pacífico ocidental.
Um relato do empreendimento e da aventura dos
nativos nos arquipélagos da Nova Guiné melanésia.
São Paulo 1978 (edição original em inglês 1922).

Margalit, Avishai: The Ethics of Memory, 2002.

Marx, Karl: Ökonomisch-philosophische Manuskripte, in:
Idem.: (organizado por Hans-Joachim Lieber, Peter
Furth): Frühe Schriften, Tomo 1, Stuttgart 1962.

Marx, Karl: Contribuição à crítica da economia política.
Tradução e introdução de Florestan Fernandes. Título
original: Zur Kritik der politischen Ökonomie. São
Paulo 2008: Editora Expressão Popular.

Marx, Karl: Teses sobre Feuerbach. No internet (março
2018):
https://www.marxists.org/portugues/marx/1845/tes
feuer.htm

Marx, Karl: O Capital. Crítica da Economia Política. Volume I,
Rio de Janeiro 2012 (dt.: Das Kapital. Kritik der
politischen Ökonomie, Buch I).

Marx, Karl: Das Kapital. Kritik der politischen Ökonomie,
Erster Band, Berlin 1998 (unveränderter Nachdruck
von 1962) (Marx/Engels: Werke, Band 23).

Marx, Karl: Das Kapital. Kritik der politischen Ökonomie.
Buch II. Der Zirkulationsprozeß des Kapitals.
Organizado por Friedrich Engels. MEW 24. Berlin
(Dietz Verlag) 1963.

Marx, Karl: Ökonomische Manuskripte 1863-1867, in:
Marx/Engels Gesamtausgabe (MEGA), II, 4.1., Dietz
Verlag Berlin 1988.

Maturana, Huberto R.; Varela, Francisco J.: A Árvore do
Conhecimento. As Bases Biológicas da Compreensão
Humana (original espanhol: El árbol del
conocimiento, 1984), São Paulo 2001.

Mauss, Marcel: Ensaio sobre a dádiva, em Idem: Sociologia e
antropologia, São Paulo 2003.

Mendez, Xhercis: Notes Toward a Decolonial Feminist
Methodology: Revisiting the Race/Gender Matrix,
revista: Trans-Scripts 5 (2015). pp. 43-45.

Moreira, Ismael Pedrosa: Contos e Lendas Mitológicas do
Povo Tariano, Manaus 2001.

Nachtigall, Werner: Biologisches Design, in: Form + Zweck
17, Berlin(?) 2000.

Nachtigall, Werner: Biologisches Design. Systematischer
Katalog für bionisches Gestalten. Unter Mitarbeit von
Alfred Wisser, Berlin/Heidelberg 2005 (Springer).

Niemeyer, Cesarino Pedro de: Poéticas Indígenas, in ISA:
Povos Indígenas No Brasil 2006-2010.

Pinto, Lúcio Flávio: Amazônia que Morre, in: Instituto
Socioambiental: Povos Indígenas No Brasil.
2006/2010, São Paulo 2011.

Polanyi, Karl: The Great Transformation. The Political and
Economic Origins of Our Time, Boston 2001: Beacon
Paperback (publicado 1944).

Prigogine, Ilya: Vom Sein zum Werden. Zeit und Komplexität
in den Naturwissenschaften, München 1992.

Prigogine, Ilya: Die Gesetze des Chaos, Frankfurt am Main
1995.

Prigogine, Ilya: As Leis do Caos, São Paulo 2002.

Prigogine, Ilya: O fim das certezas: tempo, caos e as leis da
    natureza, São Paulo 1996.

Quijano, Aníbal: Colonialidad del poder, eurocentrismo y
    América Latina. En libro: La colonialidad del saber:
    eurocentrismo y ciencias sociales. Perspectivas
    Latinoamericanas. Edgardo Lander (comp.) CLACSO,
    Consejo Latinoamericano de Ciencias Sociales,
    Buenos Aires, Argentina. Julio de 2000.
    No internet:
    http://bibliotecavirtual.clacso.org.ar/ar/libros/lander
    /quijano.rtf

Rezende, Pe. Justino Sarmento: A educação na visão de um
    Tuyuka, Manaus 2010.

Ribeiro, Darcy: Os índios e a civilização. A integração das
    populações indígenas no Brasil moderno, São Paulo
    1996.

Rosenzweig, Franz: Der Stern der Erlösung (A Estrela da
    Redenção), Frankfurt am Main 1988 (primeira edição
    1921).

Rowbotham, Sheila: Women, Resistance and Revolution. A
    History of Women and Revolution in the Modern
    World, New York 1974.

Santos, Boaventura de Sousa: Die Soziologie der
    Abwesenheit und die Soziologie der Emergenzen: Für
    eine Ökologie der Wissensformen (traduzido do
    espanhol para o alemão por W. Jantzen), in: Willehad
    Lanwer, Wolfgang Jantzen: Jahrbuch der Luria-
    Gesellschaft 2012, Berlin 2013.

Seaford, Richard: Money and the Early Greek Mind. Homer,
    Philosophy, Tragedy, Cambridge 2004.

Séjourné, Laurette: Altamerikanische Kulturen, Frankfurt am
    Main 1971.

Simonov, P. V.: The Emotional Brain. Physiology,
    Neuroanatomy, Psychology and Emotion, New York
    1986.

Smolin, Lee: Time Reborn: From the Crisis in Physics to the
    Future of the Universe, 2013.

Spinoza, Baruch de: Ethik in geometrischer Ordnung
    dargestellt, latim e alemão, traduzido e organizado
    por Wolfgang Bartuschat, Hamburg 2007.

Stosiek, Daniel: Entwicklungs- und
    Menschenrechtsvorstellungen von unten. Eine
    vergleichende Untersuchung anhand ausgewählter
    Beispiele indigener Bevölkerung, Frankfurt am Main
    2012.

Stosiek, Daniel: Natur und Befreiung. Politische Ökonomie der Mensch-Natur-Beziehung in der Schule und Schuld bei indigenen Völkern, Münster (LIT Verlag) 2014.

Stosiek, Daniel: O Caráter Compulsório na Sociedade: compreendido desde a dádiva ou desde a propriedade privada? em Claudio de Oliveira Ribeiro (organizador): Espiritualidades contemporâneas e direitos humanos, São Paulo (Edições Terceira Via) 2018, pp. 105-125.

Sung, Jung Mo: A idolatria do capital e a morte dos pobres: uma reflexão teológica a partir da dívida externa, São Paulo 1989.

Sung, Jung Mo: Teologia e economia: repensando a teologia da ibertação e utopias. Petrópolis 1994.

Sung, Jung Mo: Desejo, Mercado e Religião, Petrópolis 1998.

Sung, Jung Mo: Sujeito e sociedades complexas: para repensar os horizontes utópicos, Petrópolis 2002.

Vernadsky, Vladimir Ivanovich: The Biosphere (published 1926).

Vernadskij, Vladimir I.: Der Mensch in der Biosphäre. Zur Naturgeschichte der Vernunft, Frankfurt am Main 1997.

Vidal, Fernando: Exclusión social, modernidad y
reconciliación, in ibidem, Pan y Rosas: fundamentos
de exclusión social y empoderamiento. Madrid
(Editorial Fundación FOESSA) 2008.

Vygotskij, Lew: Die Krise der Psychologie in ihrer
historischen Bedeutung, in: Lew Vygotskij.
Ausgewählte Schriften. Tomo I. Arbeiten zu
theoretischen und methodologischen Problemen der
Psychologie. Organizado por Joachim Lompscher,
Berlin 2003.

Vygotsky, Lev: Historical meaning of the crisis in Psychology,
in: The Collected Works of L.S. Vygotsky, Volume 3,
Problems of the theory and history of psychology
(pp. 233-344): Plenum Press, 1997.

Wygotski, L. S.: Denken und Sprechen. Reutlingen 1971:
edição concessionária da edição Berlin 1964,
primeira edição em russo 1934. Em português:
pensamento e linguagem.

Wajãpi, Seremete: "O tempo vai mudar, por isso chove
muito. Nosso dono vai trocar a terra", in: Instituto
Socioambiental: Povos Indígenas No Brasil.
2006/2010, São Paulo 2011.

Índice